考古探奇
——高科技与考古

黄明哲 主编

中国科学技术出版社
·北京·

图书在版编目(CIP)数据

考古探奇：高科技与考古/黄明哲主编.－－北京：中国科学技术出版社，2013.1 (2019.9重印)

（科普热点）

ISBN 978-7-5046-5764-0

Ⅰ.①考… Ⅱ.①黄… Ⅲ.①高技术－应用－考古学－普及读物 Ⅳ.①K85-49

中国版本图书馆CIP数据核字（2011）第005492号

中国科学技术出版社出版

北京市海淀区中关村南大街16号　邮政编码：100081

电话：010-62173865　传真：010-62173081

http://www.cspbooks.com.cn

中国科学技术出版社有限公司发行部发行

山东华鑫天成印刷有限公司印刷

*

开本：700毫米×1000毫米 1/16　印张：10　字数：200千字

2013年1月第2版　2019年9月第3次印刷

ISBN 978-7-5046-5764-0/K·75

印数：10001—30000册　定价：29.90元

前言

科学是理想的灯塔!

她是好奇的孩子,飞上了月亮,又飞向火星;观测了银河,还要观测宇宙的边际。

她是智慧的母亲,挺身抗击灾害,究极天地自然,检测地震海啸,防患于未然。

她是伟大的造梦师,在大银幕上排山倒海、星际大战,让古老的魔杖幻化耀眼的光芒……

科学助推心智的成长!

电脑延伸大脑,网络提升生活,人类正走向虚拟生存。

进化路漫漫,基因中微小的差异,化作生命形态的千差万别,我们都是幸运儿。

穿越时空,科学使木乃伊说出了千年前的故事,寻找恐龙的后裔,复原珍贵的文物,重现失落的文明。

科学与人文联手,人类变得更加睿智,与自然和谐,走向可持续发展……

《科普热点》丛书全面展示宇宙、航天、网络、影视、基因、考古等最新科技进展,邀您驶入实现理想的快车道,畅享心智成长的科学之旅!

作 者

2011年3月

《科普热点》丛书编委会

目 录

第一篇
当科技遇上考古

科技考古，大势所趋

中华民族历史悠久，数千年的灿烂文化为我们留下了无数珍贵的文物遗产。这些文物中蕴含着大量的关于我国古代社会发展的信息，上自古天文，下至古地理，大到自然环境的变迁，小到古代部落的兴衰，构成了我国考古学的物质基础。

发掘古代遗址和遗物是考古学的一部分

中国近代"考古学"一词，可能是从西文"Archaeology"一词翻译而来的。"Archaeology"一词源于希腊语，意为"研究古代之学"，在 17 世纪和 18 世纪，一般是指对含有美术价值的古物和古迹的研究，到了 19 世纪，才泛指对一切古物的研究。

考古学是社会科学的一部分，是以通过考古调查、发掘获得古代遗址的遗迹和遗物等实物资料进行研究的一门科学。考古学的研究是依靠地层学、类型学、年代学等方法，结合古代文献、口头传说、民族学、民俗学的资料进行综合研究，填补文字历史的空白，恢复古代历史的面貌。

但是，考古学在运用考古的方法和手段的同时，必须结合自然科学的方法和手段进行研究。现代科技方法为考古研究提供了极为丰富的科学佐证。自然科学领域的现代高科技在考古学上的应用，大大推动了考古学的发展。考古可谓古今贯通文学。

其实，早在考古学建立之初，就开始与自然科学紧密结合了，地质学中的地层学和生物学中的类型学的引入，使考古学作为有别于历史学的一门独

▲ 铲子与刷子是考古的常用工具

考古探奇——
高科技与考古

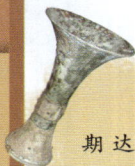

由于碳–14半衰期达5730年，且碳是有机物的元素之一，生物呼吸的时候其体内的碳–14含量大致不变，生物死去后会停止呼吸，此时体内的碳–14开始减少。人们可透过测定一件古物的碳–14含量，来估计它的大概年龄，这种方法被称为碳定年法。

立学科，得到了国际学术界的承认。

20世纪以来，随着考古学的不断发展，新技术和新方法被不断地应用于考古学中，渗透到考古学研究的各个领域。目前，考古学结合自然科学进行研究已取得了令人瞩目的成果。

从考古遗址的勘察来看，应用的新技术有地磁技术、航空航天技术、遥感技术、GPS全球定位系统等；从考古年代学研究来看，应用的新技术有常规碳–14测年技术、加速器质谱碳–14测年技术、不平衡铀系法测年技术、电子自旋共振测年技术、古地磁法测年技术等；从考古器物的溯源研究来看，应用的新技术有X–荧光波长色散分析技术、中子活化分析技术、等离子发射光谱分析技术等。分子生物学是科技考古中一个新兴的、极有前途的研究方向，该项技术可应用于人类起源、古代墓葬中人骨间亲缘关系的判定、农业与畜牧业的起源等方面的研究，凡此种种，举不胜举。

20世纪80年代以来，PCR技术（聚合酶链反应）的建立直接催化了古代DNA分析方法的发展和应用。近年来，古代人类DNA研究有两个颇为重要的进展：一个是Real-time PCR技术，它可有效地鉴别源自古代样品的DNA污染，从而提高古代DNA分析的可靠性；另一个是焦磷酸法测序方法的建立，它奠定了核DNA测序的基础，将整个基因组的序列

分析提上了议事日程。可以预见，随着古代DNA技术的不断发展和成熟，古代人类遗传关系的复原、描绘古代人类的迁徙路线终将成为现实。人类的渊源终将大白于天下。

可见，科技考古在考古学中已占据了相当高的地位，考古研究对现代科技手段的应用也越来越广泛。科技考古正在成为今后考古研究的发展趋势。

科技考古，方兴未艾。

▼ Real-time PCR技术能够可靠分析古代DNA

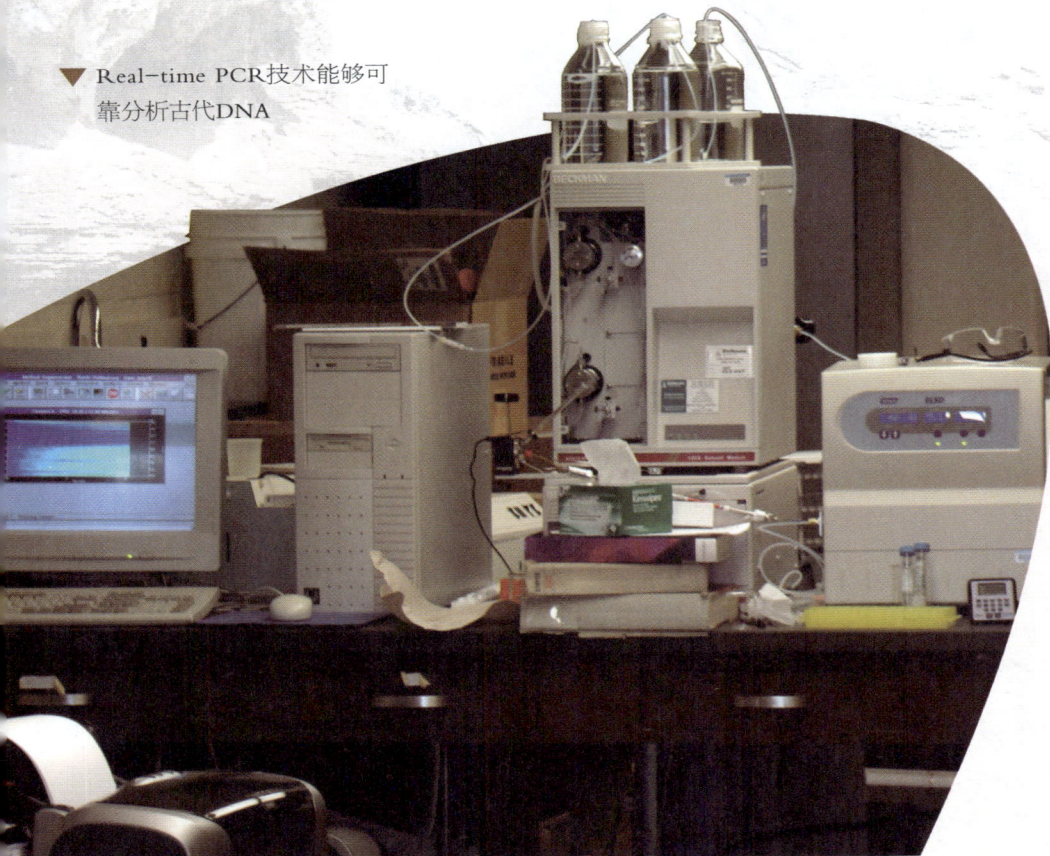

地面探测：透视大地的心扉

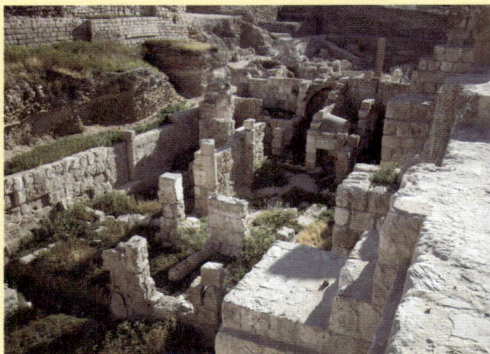
探地雷达勘探技术主要用于探测地下墓穴和遗址

科技的进步给各个行业、学科带来了改变。在今天，现代的科技方法不断地应用于考古研究，地面探测技术的应用，大大提高了对遗迹探测的准确性，使考古学家在挖掘前就熟悉其内部结构，有效避免了对遗迹的损害。

故陵楚墓位于四川省云阳县的故陵镇，在20世纪90年代初期，由考古专家和科技专家联合组成的考古队，来到故陵镇开始探测。先后采取四种先进的高科技方法对未知的故陵楚墓进行了探测：高精度磁测、地震面波法、地球化学勘探测汞、大地电场岩性探测。这些方法的应用，使得

古代遗迹和文物记载着人类文明进步的信息，凝聚着历史文化的精华，它们是大自然的杰作，是古老的化石。

我们要了解和研究这些文物的丰富内涵，要认识和考证这些文物的历史价值，首先要做的就是探测文物或遗迹所处的位置，并将其发掘出来，使其重见天日。

现在越来越多的地面探测技术在考古界受到了重视，地球物理学勘探方法在考古上的应用逐渐成熟起来。这些先进的地面探测技术，包括探地雷达勘探法、电阻率勘探法、磁力勘探法、地震

面波法、器械地震法、声波波谱法等等。

　　探地雷达勘探法是一种无损探测技术。它利用高频率的电磁波，由地面通过天线定向送入地下，并向探测目标发射有固定频率的电磁波，当电磁波遇上不同的物质时，其传播路径、电磁场强度与波形将随所通过物质的性质及几何形态而变

人们在挖掘前就对故陵楚墓概貌有了大致的了解。

▼ 不同的物质具有不同的电阻率

大地电场岩性探测技术是利用太阳风和地磁场相互作用产生的电磁波作为天然场源，当电磁波进入地下遇到岩层性质变化时，从地层的不同深度反射回地面，携带了地下岩层变化的信息，测控仪在地面记录到不同深度的岩层变化，就可以了解到地下的信息。此技术是美国在20世纪80年代开发出的地面探测方法。

化，于是造成不同的反射信号，这些信号经放大处理后，就可得到地下的不同情况。目前，探地雷达勘探技术主要用来探测埋藏于地下的古代墓穴和古代遗址。

但是，应用探地雷达准确地探测地下文物，面临许多的困难。因为地球表面的物质结构、性质千变万化，且常常含有与探测目标相近似的物体，所以测量上的误差不可避免。

电阻率勘探技术是通过测量地表土壤对电流的电阻来确定古代遗存埋藏的位置的。不同的物质有不同的电阻率是这一技术的应用基础，如土壤、岩石、木质器物及金属器物的电阻率都是不同的。

我国的考古人员结合计算机成像技术，利用电阻率勘探法探测三峡库区存疑的古代遗迹，发现了数十处古墓异常点，并确定了这些古墓的古地貌和古地形，了解到了这些古墓的封土性质。

更神奇的是，考古界与科技界合作，还采用宇宙射线来探测地下文物。宇宙射线就是来自太空中的 α、β、γ 射线，具有极强的穿透性，当射线穿过不同的物体或空间时，会产生不同的反应。

众所周知，在埃及的金字塔中，最大、最高的胡夫金字塔，早期被盗过，胡夫的真正棺材也未找到。为探究谜底，1968年，诺贝尔奖获得者路易

斯·法尔兹教授在塔里放置了能产生宇宙射线的仪器，测定不同方位的情况，结果没有发现其他的墓室。后来，斯坦福大学采用电磁波探测技术对这一区域进行了细致的探测，其结果与法尔兹教授测定的是一致的。

▼ 埃及胡夫金字塔

水下考古：龙宫探宝奇术

"世界上最大的博物馆就在海底。"这是潜海考古研究的先驱——法国人费尔南·伯努瓦曾说过的话。水下遗存不仅数量大，而且其所处的缺氧环境，抑制了可加速有机物分解的生物和化学作用，使各种有机文物能较好地保存下来。因此，水下考古越来越受到人们的关注。

世界上最大的博物馆就在海底

自古就有抚仙湖水下古城的传说。抚仙湖是我国第二深水湖，湖中部深达157米，考古专家应用了多种国际先进的高科技手段进行探测。动用了ROV(缆控水下机器人)、海军潜器和声呐探测湖底地形和遗迹的高科技设备。这些先进设备和技术的使用，使考古队获得

水下考古学是从考古学中分离出来的一门新兴学科，是考古学的一个分支。其探测的对象是在江河湖泊和汪洋大海中沉没的古船舶，或因自然灾害被淹没于海底的古遗址；其目的就是要对这些遗址或沉船进行综合性的考古研究，从中解读历史的真实面目。

现代科技的不断发展，使水下考古学进入了一个蓬勃发展的新阶段。目前，人们正在充分利用各种现代化的技术手段，加快水下考古探测和发掘的步伐。

水下考古技术的应用越来越广泛，如利用遥感技术和声呐系统，探测水下遗址或沉船；通过分析卫星照片，获得水下遗存的线索；开发水下机器人，以代替考古队员完成水下考古任务；应用原子吸收技术，分析某一海域深处水样的成分；应用海洋探测雷达，进行海底扫描；利用声频信号的全新测绘系统取代测尺；利用计算机分析水下遗存的照片、图纸等。这些先进的科学技术不仅大大缩短了人们水

了极为珍贵的第一手遗址资料，最终证实了古城的存在。

▼ 水下探测古代遗址

"南海一号"是一艘南宋时期的木质沉船，它是目前世界上发现的海下沉船中，船体最大、年代最早、保存最完整的远洋贸易商船。它在海底躺了800多年，对它的打捞也持续了20年。中国水下考古技术伴随对它的打捞步入成熟。这艘古沉船的出现对我国古代造船工艺、航海技术的研究以及木质文物长久保存的科学规律的研究，提供了最典型的标本。

下工作的时间，而且提高了水下考古勘探的准确性，使水下考古呈现出广阔的发展前景。

先进的水下考古技术，为人类打开了一座座水下迷宫，仅在地中海一带，就发现了古希腊、古罗马时期和中世纪的水下沉船和水下遗址近千处。1985年的春天，英国人迈克尔·哈彻在南海某礁石区域，使用现代化的"无休止"M号打捞船，从一艘沉睡了233年的沉船中打捞上来大量的中国瓷器，还有125块金砖。1997年，人们在湖北武昌金口镇成功打捞了一代名舰——中山舰，标志着我国水下考古技术已相当先进。2007年，我国成功地打捞了"南海一号"。这艘沉睡海底800多年的古船终于浮出水面，这是世界考古史上首次对古沉船实施整体打捞。从技术手段到出土的文物，对于考古学来说，都具有重要的价值。

凭借先进的水下考古技术，人们才发现了"泰坦尼克"号。1986年，美国的"阿尔文"号深水潜艇在北大西洋水面下3795米处发现了"泰坦尼克"号的遗骸，并用遥控潜水摄影机摄下了沉船的外貌，获得了"泰坦尼克"号的第一手资料。人们于1993年夏天，应用深水机器人和小型载人潜水器，多次潜入船体残骸，打捞上来众多水下遗物，包括钱币、怀表、餐具之类的东西，还有这艘豪华巨轮的船体残片。

▲ 水下探测古代沉船

遥感考古:太空中的千里眼

遥感考古是随着航空航天技术的进步而发展的。在第二次世界大战期间,就已经有不少欧美考古学家通过在飞机或者热气球上进行航空拍摄,然后通过对图片的分析来判定遗址的性质。第二次世界大战以后,科技的不断进步使航空拍摄有了许多新的方法。

将卫星遥感技术用于考古

1906年英国军官H.P.沙普在军用热气球上拍摄到的史前巨石阵遗址为遥感考古的发端标志。第一次世界大战期间,考古学家在航空照片上发现了城市中的古代建筑遗址及原野上的古代建筑遗址。英国考

遥感考古是现代考古学研究领域中新崛起的一种考古方法,其技术载体就是神通广大的遥感卫星。

那么,什么是遥感技术呢?

顾名思义,遥感技术就是远距离感知被测目标的信息的技术。在卫星上安装的各种遥感装置,能够从遥远的太空感知地球的山山水水、一草一木。它既能洞察埋藏于地下的矿藏,又能穿透土层

考古探奇——高科技与考古

显示地下的地质构造情况，还能预报地震和火山活动……它就像神话传说里的"千里眼"一样。

　　遥感技术的灵活快速，视野开阔，信息丰富，探测敏捷，受到了考古界的普遍关注，遥感技术很快被应用到考古学，形成了遥感考古这门相对独立的新学科。

古学家通过不断的资料积累，在20世纪20年代提出了航空考古勘察和航片分析的三种标志：阴影标志、土壤标志和植被标志。

KAOGU TANQI—GAOKEJI YU KAOGU

◀ 遥感卫星从太空拍摄埃及金字塔

考古探奇——高科技与考古

与传统田野考古相比,遥感考古能在许多方面获得从地面观测无法得到的大量信息,主要表现在:覆盖范围广、光谱范围大、时空分辨率高、光谱分辨率高、穿透能力强以及对考古文物的无损探测。目前,应用遥感技术进行环境考古,热点主要集中在运用多时相、多源和多分辨率卫星及航天图像进行考古遗址环境监测、景观考古、环境变化和社会变革的关系研究以及历史时期环境恢复等方面。

遥感考古,是利用地面植被的生长和分布规律,如土壤类型、微地貌特征等物理属性,以及由此产生的电磁波波谱特征差异,运用摄影机、摄像机、扫描仪、雷达等设备,从航天飞机、卫星等不同的遥感平台上获取有关古遗址的电磁波数据或图像等信息。此后,技术人员再对这些信息进行光学或计算机图像处理,使影像的对比度恰当,特征明显,色彩丰富,再对影像的色调、图案、纹理及其时间变化与空间分布规律进行识别和解释,从而提供了古代遗存的位置、形状、分布构成类型等情况,为考古发现提供科学的资料和数据。

20世纪90年代以来,我国相继建立了不少遥感考古中心,并取得了累累硕果。

近年来,科技考古人员利用卫星遥感技术,在珠江口发现了明代沉船,并成功地进行了打捞。接着,在渤海湾、黄海、东海等海域调查水下沉船,仅在长江口地区就发现了500多艘不同历史时期的沉船。

我国科技考古人员运用彩色红外航测片,揭示出北京市内长城的现状、圆明园古建筑基础平面形态,以及位于河南的北宋东京外城垣的走向,了解了3500年前殷王盘庚之所以迁都河南安阳的生态环境原因。

中国社会科学院在对河南安阳殷墟的遥感考

古中，运用计算机图像处理技术，将分辨率较低而光谱特征丰富的美国陆地卫星的TM(专题制图仪)影像与几何关系稳定的航空影像结合进行处理，大大提高了遥感影像的质量，并发现了一些新的殷代建筑遗址和墓葬。

另外，科技考古人员运用先进的遥感技术，还发现了位于塔克拉玛干沙漠中心的古桑园；发现了在沙漠腹地消失了近2000年的古代"精绝国"遗址；找到了淤积了1000多年的隋炀帝开掘的大运河。

▼ 卫星遥感技术还
　能发现水下沉船

老化鉴定：假冒古瓷无处藏身

陶瓷釉质的老化鉴定是一项新兴的现代高科技鉴定技术。它是利用当代波谱学最新的研究成果，采用相关仪器无损检测陶瓷釉质的脱玻璃化程度，再通过计算得出其老化系数，据此判断出陶瓷器的大致生产年代。

陶瓷表面一层光滑、明亮、坚硬的物质就是釉

古陶瓷老化鉴定技术是由北京华夏物证陶瓷鉴定技术研究所的科学家们首创的。他们采用现代量子物理学检测技术来测定古陶瓷釉的老化程

古陶瓷老化鉴定技术的诞生，弥补了以往各种鉴定技术的不足，开创了一个古陶瓷鉴定的全新领域。那么，古陶瓷老化鉴定的理论基础是什么呢？

我们都知道，陶瓷表面都有一层光滑、明亮、坚硬的物质，这就是"釉"。它是由石英、长石等多种原料混合、粉碎后，施于器物坯胎的表面，再经高温

烧结形成的玻璃物质。这种玻璃物质的内部结构是无序的，在自然环境中，呈亚稳定状态。随着时间的推移，它的内部结构会不断地进行调整，由无序的亚稳定状态逐步向有序化稳定状态转变，形成微细晶体，这就是釉质的"脱玻璃化"现象。

釉质自然"老化"伴随瓷器始终，其内部结构随着时间的推移在不断发生变化，其表现形式就是透光性逐渐降低，对光线散射性不断增强。因此古陶瓷的釉面看上去要比新品柔和、温润，年代越久，差别就越大。

度，这种在世界上首创的鉴定古陶瓷的新方法，已通过北京市科学技术委员会组织的专家评审鉴定，在实践中得到愈来愈广泛的应用。

▲ 在考古现场发现古陶瓷碎片

随着鉴定科技水平的不断提高，假货科技含量也"水涨船高"。例如，热释光技术是目前国际鉴定瓷器和陶器常用的科技手段——通过观察器物在射线作用下的不同热释光的光谱就可以断定文物的绝对年份。但是只要把赝品在 x 光下照射，就会使测定的年份提前几百年，从而造成错误的判断。

釉质的老化现象，是陶瓷器自诞生之日起，就开始不断发生的一种特有的变化。正如树木的年轮一样，它会随着年龄的增长而不断变化。因此我们也把它形象地称作陶瓷器的年轮特征。

古陶瓷的"老化"与当前人们所说的"自然旧貌"有着本质区别。老化是发生在釉质内部，是物质自身内部结构调整的结果，较少受外界物质环境的影响；自然旧貌则主要是指外部物质对陶瓷釉面侵蚀的结果，受客观条件制约，既可以是自然的，也可以是人为的。

釉质老化能不能人为做旧呢？科学家们曾试图采用人工方法改变仿品的老化系数，比如向釉内添加催化剂、改变烧成曲线、进行退火处理等，但均未获得成功。也就是说，人们至今尚未找到改变釉质老化系数的人工方法。尽管通过人工处理的某些仿品的釉面与真品十分相似，用肉眼难以区别，但从老化测试的图谱上看，二者相去甚远。老化鉴定法具有很强的抗人为干扰能力。

同传统经验式鉴定方法相比较，古陶瓷老化鉴定技术的最大优点是，改变了传统鉴定方法上人为因素较多的情况，降低了对经验的依赖，使古陶瓷鉴定技术走向数字化。这一方法只需经过短期培训就能上机操作，而且在鉴别真假陶瓷文物方面的准确率极高。

　　当然,古陶瓷老化鉴定技术也存在不足之处。从目前获得的实验结果来看,该方法在区分古代真品与现代仿品方面十分有效,但是还不能精确判断出古陶瓷真品的确切制作年代。要想做到这一点,还必须结合其他鉴定方法进行综合分析。由此可见,传统鉴定法与现代高科技相结合,是今后古陶瓷鉴定的发展方向。

▲ 古陶瓷老化鉴定技术能够判断陶瓷器的大致生产年代

便于查询的古陶瓷数据库

数据库是"按照数据结构来组织、存储和管理数据的仓库"。在经济管理的日常工作中，常常需要把某些相关的数据放进这样的"仓库"，并根据管理的需要进行相应的处理。为古陶瓷建立数据库，对古陶瓷的研究与保护有着重要作用。

明朝瓷碗

故宫博物院网站(www.dpm.org.cn)的开通，为人们广泛了解故宫博物院内博大精深的传统文化提供了更便捷的途径。随后，故宫博物院又提出要建立"数字故宫"。故宫的信息电子化，将使故宫摆脱沉重的历史包袱，突破古建环境及文物保护等问题的局限，在展示、收藏、

作为古陶瓷发源地的中国，窑系繁多，名窑林立。不同年代、不同窑址的陶瓷器有各自不同的鲜明特征，它们的产地和年代不同，主量、次量、微量元素种类和含量也不尽相同。另外不同年代和窑系的古陶瓷器的纹饰、颜色和形状具有各自的特色。这些都是建立古陶瓷数据库的重要依据。

那么，建立古陶瓷数据库的作用是什么呢？

至今，我国在考古研究领域的数据库还不完善，这与陶瓷大国的地位不太相称。由于缺乏一个完整的数据库，使许多古陶瓷文物的鉴定缺乏可

靠的科学分析数据，甚至使不少重要文物被破坏和流失。

　　系统地收集和整理国内高校、科研院所在中国古陶瓷研究方面的成果，在现有基础上建立完整的古陶瓷数据库，既能总结以前的研究成果，发现

保护等多方面步入网络时代。它将源源不断地把故宫中珍藏的中华民族传统文化介绍给世人。

▲ 清朝瓷盘

考古探奇——

高科技与考古

建立数据库主要可以实现数据共享，减少数据的冗余度，实现集中控制数据一致性和可维护性，以确保数据的安全性和可靠性。为古陶瓷建立数据库，人们可以通过互联网很方便地查找古陶瓷方面的信息，为古陶瓷的研究提供方便。

缺漏，为中国古陶瓷测年断代和后续研究工作提供参考和借鉴，又可与国外的数据库进行比对，在国际科技考古领域发挥陶瓷大国应有的作用。

为澄清我国古代文明发祥地之间的渊源关系，建立不同时期、不同窑系古陶瓷的纹、形、色数据库，建立主量、次量、微量元素种类和含量的数据库刻不容缓。国外学者已开始着手建立中国古文物数据库，作为陶瓷发源地和陶瓷大国，我们自己当然不能袖手旁观，必须尽快建立我国的古陶瓷数据库。

古陶瓷数据库的建立，包括四大部分：建立不同朝代、窑系、窑址的古陶瓷的形、纹、色数据库；建立不同时期、窑系、窑址古陶瓷中的主量元素种类和含量数据库；建立不同时期、窑系、窑址古陶瓷中胎、釉、青花中微量元素含量数据库；建立热释光对不同时期的古陶瓷进行测年断代的数据库。这项工作可概括为收集数据、整理归类、寻找规律、发现缺漏、提供借鉴这20个字。国家基金委、国家科学技术委员会、中国科学院等部门已在古陶瓷的研究、鉴定方面资助了很多项目，已发表的论文和实验数据为建立数据库奠定了良好的基础。

建立有权威的数据库，理想的方式是使用

原始实验数据，关键在于收集不同单位的实验分析原始数据。目前主要依靠检索和查阅已发表的文章、国家和部门资助的古陶瓷研究项目的归档材料，来收集分析数据。一旦初步建立了数据库，还可以资源共享来收集实验原始数据。

　　考古界和科技界工作者携手合作，将形成优势互补，建立古陶瓷研究、鉴定的数据库。

▼ 我国加快建立
古陶瓷数据库

各显神通的考古测年法

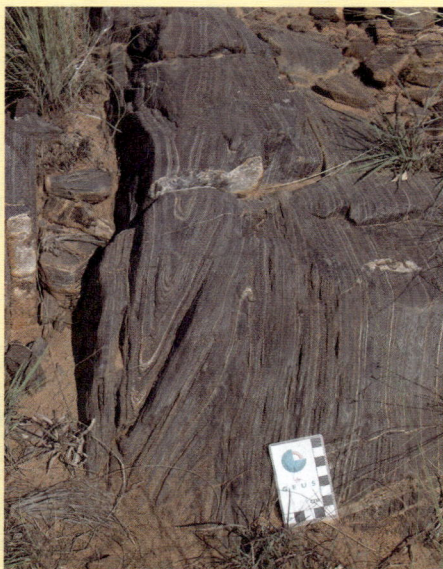

千百年来，关于时间的测量一直是备受人们关注的焦点。有历史记载的时间是非常短暂的，就我国历史而言，目前最远绝对年代是公元前841年的周代共和元年。随着科学技术的迅猛发展，运用现代化的科技手段进行断代，使那些困惑考古学家的未知年代逐渐变得明朗起来。那么，你知道的考古测年法都有哪些呢？

钾-氩测年法主要用于地质学中测定火层岩的年代

中国科学家对北京猿人进行了一次新的测定，此次研究采用了一种名为铝铍埋藏测年法的技术手段，对取自北京猿人发现地周口店第1地点的石英砂和石英质石制品进行了测量，测定结果为距今77万年，误

目前，考古界使用的高科技断代法主要有碳-14测年法、不平衡铀系测年法、电子自旋共振测年法、热释光测年法、钾-氩测年法、遗骨分析测年法、穆斯堡尔谱测年法等。但其中最常用、最有效的是碳-14测年法。

不平衡铀系测年法，是测定

第四纪地质和考古年代的一种重要方法。在古人类与旧石器考古遗址中，可选择动物骨骼化石和自生的碳酸盐沉积物为对象。它能对人类化石年龄进行直接测量，从而提供考古地层关系不明确但又非常重要的古人类化石年龄数据。

电子自旋共振测年法，是以牙珐琅化石和碳酸盐沉积物为主要研究对象。这种方法具有测年范围宽（从几千年到几百万年）的优势，而且不会损坏文物，测试条件和方法比较简单，可重复使用，因而在

差8万年。此前，学术界公认北京猿人生存在四五十万年前，这一结果已写入了教科书。质谱铀系测年法曾被应用于周口店的年代测定，但60万年已是这一测年法的极限。

▼ 遗骨分析测年法通过测量骨头样品中的元素进行相对测年

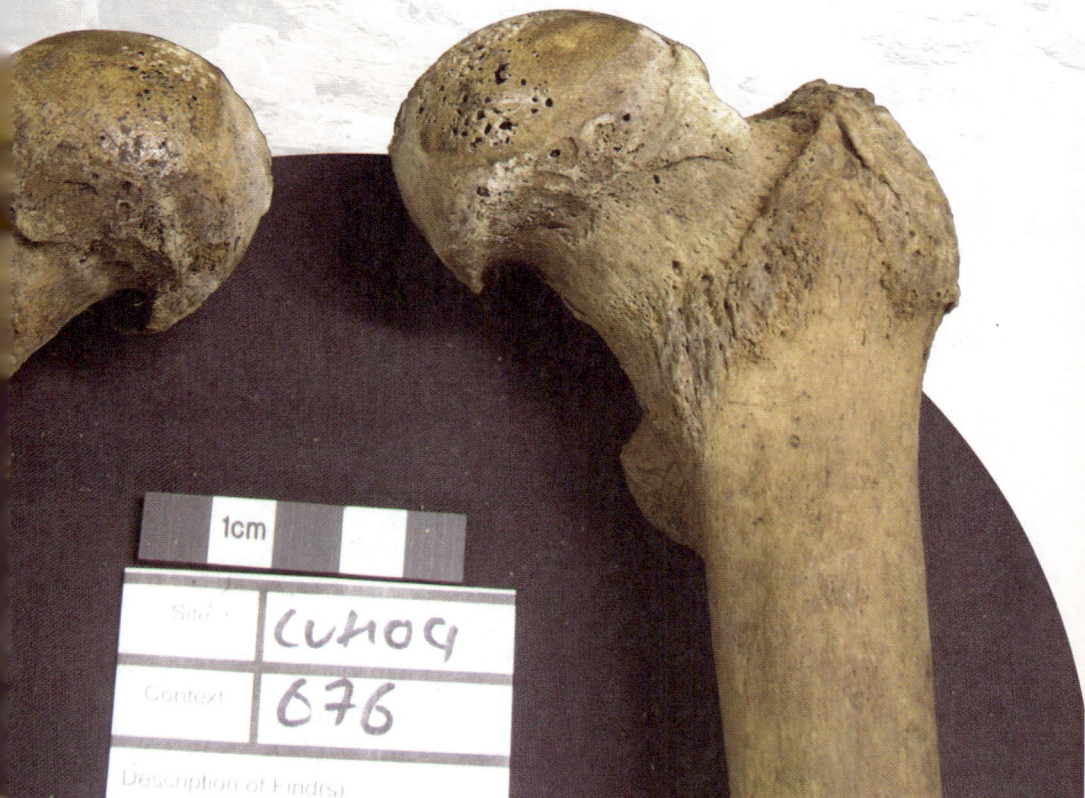

1cm

Site: CUHO4

Context: 676

Description of Find(s)

考古探奇——
高科技与考古

裂变径迹测年法是指根据铀、钍等同位素裂变时对周围固体介质造成的裂变径迹密度来测定岩石、陶瓷等样品的年代。在天然硅酸盐岩中，铀、钍等同位素的原子核能自发地裂变成碎片。裂变后的裸核释放出大量能量，使周围介质受到损伤而留下痕迹，即裂变径迹。在高分辨率的电子显微镜下，测计样品中因 U^{238} 的自发裂变而造成的单位面积内的裂变径迹密度，再将样品加热退火，使自发裂变径迹受到破坏，然后使样品经过热中子照射产生新的 U^{238} 的诱发裂变。

考古中很受欢迎。1988年，电子自旋共振测年法给出了北京猿人生活时代较为准确可信的时间，距今大约57.8万年左右。

钾-氩测年法，主要用于地质学中测定火层岩的年代，是通过测定衰变产物的核数含量来确定样品的年龄。它与不平衡铀系测年法有相似之处。我国的科学家用此方法测定了北京燕山及其他地区的泥质灰岩、海绿石沙岩，得到了较为准确的年龄值。考古专家在对北京周口店猿人遗址以西采集的玄武岩样品测定时，也采用了钾-氩测年法，得

出该地层的年代为47万年±8万年的数值。

遗骨分析测年法，通过测量骨头样品中的元素进行相对测年，有氮元素含量测量方法、氟和铀元素含量测量方法等。其中的氮元素含量测量法只限于对同一沉积层中找到的骨头样品进行相对测年，或判断是古代的骨头还是现代的骨头，因为骨头中的化学元素或成分对外部环境有明显的依赖性。

穆斯堡尔谱测年法，可用于物质成分分析。由于不同元素的共振吸收谱线不同，通过穆斯堡尔谱线就可以分辨出来，如金属元素——金的穆斯堡尔谱线可为研究古代金银合金提供信息。我国科学家曾用穆斯堡尔谱研究了战国时代的铁锄、铁凿，发现铁锈有三种组成成分，这证明有三种氧化途径。

除以上介绍的方法外，还有裂变径迹测年法、黑曜岩水合测年法等，碳-14测年法和热释光测年法将在后面做出详细介绍。

◀ 穆斯堡尔谱测年法可用于物质成分分析

碳-14测年：管窥久远的过往

已故著名考古学家夏鼐先生对碳-14测定考古年代的作用，给予了极高的评价："由于碳-14测定年代法的采用，使不同地区的各种新石器文化有了时间关系的框架，使中国的新石器考古学因为有了确切的年代序列而进入了一个新时期。"那么，碳-14测年法到底有怎样的应用呢？

威拉德·弗兰克·利比由于在碳-14法确定考古年龄方面的卓越贡献而获得诺贝尔化学奖

在碳-14技术被应用之前，考古学家常认为来自埃及和两河流域这两大文明的思想、信仰传播到西欧并对其文明进程产生了影响。但目前的碳-14测年结果表明，公元前3000年前（早于埃及大金字塔建造的年代）建于马其他的神庙及若干

利用宇宙射线产生的放射性同位素碳-14来测定含碳物质的年龄，就叫碳-14测年。1949年3月，美国的威拉德·弗兰克·利比和他的合作者在《科学》杂志上率先公布了他们的第一次碳-14测年结果，引起了世界考古界和科技界的震惊。利比的研究成果不但解决了考古学中的断代问题，还为考古学从定性描述转向定量研究开启了大门。由于利比在放射性碳-14法确定考古年龄方面的卓越贡献，他在1960年获得了诺贝尔化学奖。

那么，碳-14测年法是如何测定古代遗存的年

龄呢?

　　原来,宇宙射线在大气中能够产生放射性碳–14,并能与氧结合成二氧化碳后进入所有活组织,先为植物吸收,后为动物纳入。只要植物或动物生存着,它们就会持续不断地吸收碳–14,使其在机体内保持一定的水平。而当有机体死亡后,即会停止吸收碳–14,其组织内的碳–14便以5730年的半衰期开始衰变并逐渐消失。对于任何含碳物质,只要测定剩下的放射性碳–14的含量,就可推断其年代。

　　碳–14测年法的建立,使中国考古年代学的研究向前推进了一大步,使中国的考古年代学数据有

位于西欧的巨石阵和陵墓,历史更加久远。其中一些约建于公元前4000年,是世界上最早的礼仪性建筑。

▲ 碳–14测年法可用于测定古代遗址年代

仇士华、蔡莲珍教授是我国著名的碳-14测年专家。他们在充分探讨系列样品碳-14数据与树轮校正曲线拟合的基础上,经过多年努力,解决了许多技术难题,终于将武王克商的年代限定在公元前1050—公元前1020年,确保了夏商周断代工程的圆满完成。

了可比性。目前,我国已取得了上万个碳-14测年数据。

碳-14测年法主要有以下几个方面的应用:

第一,碳-14测年法可以测定古遗址年代。旧石器时代向新石器时代过渡的时间是考古学中一个饶有趣味的问题,但过去常因缺乏科学手段而难以解决。加速器质谱碳-14测年法解决了这一难题。考古专家们深入研究广西桂林庙岩遗址和广东阳春独石仔遗址出土的遗物种类、类型、制造技术,并结合加速器质谱碳-14测定的年代进行综合分析,发现中国南方旧石器文化向新石器文化急速转变的时期大约距今2万年至1万年。

第二,碳-14测年法可以测定古代人骨年代。古人类化石是考古学研究的珍贵材料,而一些古代人骨,特别是脱层人骨,仅根据人骨本身的形态很难判断其准确年代。有一些人骨,无论是从其颜色、比重看,还是从挖掘时所处的地貌、表观层位看,却很像晚更新世人骨化石。然而,用碳-14测年法进行测定,结果表明,它们的年代千差万别,大多都是全新世人骨化石。考古学家们大跌眼镜。

第三,碳-14测年法可以追溯陶瓷起源。以往的研究资料表明,中国至少在10000年前,就开始使用陶器了。近年来,人们对广西桂林庙岩和湖南道县玉蟾岩遗址出土的陶片进行研究,用碳-14测年技术

测后得出的结果是，庙岩陶片年代距今16000年左右；玉蟾岩陶片年代距今14500年左右，从而将中国陶瓷出现的时间推前了5000多年。

◀ 碳－14测年法还可用于测定古代人骨年代

热释光测年：古陶瓷的密友

前面讲到碳-14测年法的广泛用途，但由于陶器几乎不含碳，碳-14测年法就失去了它的功效。那考古学家们是用什么方法来给陶器断代的呢？

热释光测年法使用的仪器

热释光断代有好几种方法。主要有：（1）利用细颗粒测定年代。将样品碎片夹碎，悬浮使之分离，将悬浮的颗粒沉积到圆盘上去测量。（2）利用夹杂物测定年代。一般利用陶器中的石英晶体。（3）前剂量法测定年代。根据灵敏度变化规律测出热释光值。其他还有相减技术、锆石或长石技术、薄片技术等。

热释光测年法，是于20世纪70年代从国外引进的考古技术。其实，早在三百多年前，英国的罗伯特·波义耳等化学家就描述了热释光现象，之后陆续有人报道，大家称其为"磷光"。1898年，伯班克等人通过实验，基本弄清了热释光的产生过程。1953年丹尼尔斯等人提出用热释光来测定地质和考古年代。

目前，热释光测年法主要用于陶瓷测年研究，并且已在古陶瓷器的真伪鉴定方面显示出相当大的作用。

仿古瓷的研烧，古今皆有。历代社会畅销的新品类、新工艺，后世竞相仿造。在仿烧基础上，总结经验，不断创新发展。整个中国陶瓷史上，各个时代和各类窑系之间的仿烧，比比皆是。

为了研究陶瓷器的发展演进特征，科学准确地鉴定其烧造年代、工艺特征及其真伪，必须对古陶瓷器做出鉴定，除了需要传统的鉴定方法外，还需借助现代科技手段。如今，对古陶瓷年龄、真伪的科技鉴定技术正在兴起，热释光测年法就是其中的一种。

那么，热释光测年法的测年原理是什么呢？

原来，在射线作用下，有些物质会发生电离，

▲ 热释光测年法主要用于陶瓷测年研究

利用热释光技术判断陶器年代，取样时要分地层取样，每一层位取6~12块，且样品要去掉外层部分。一般来讲，样品越大越好，最好各种材料、不同部分都取一点，样品至少是在地下30厘米以下的深处取得。陶片重量约10克，厚6毫米以上，规格为25毫米×25毫米左右，燧石要求厚1厘米以上，直径为3.5厘米的圆盘状样品。除了取样品外，还得对样品周围的土壤取样。

产生俘获电子，并将部分能量储存起来。当遇到100℃以上的温度时，这些俘获电子就会回到原来的位置，并将储存的能量以光的形式释放出来。这就是"热释光"现象。陶器烧制时能达到800℃以上的高温，其中的俘获电子全部归位。当成品陶器投入使用或埋藏于地下后，又会在射线(来自自然界的γ射线)的辐射作用下，重新俘获电子。俘获电子的累积数目与陶器烧制后所经历的时间成正比，通过测定这些俘获电子的数目就可确定陶器样品的年代。

热释光测年技术是一项绝对测年技术，测年范围较宽，测量速度较快，方法可靠，样品用量少。但其测定精确度和准确度比碳–14测年法差一些。

澳大利亚籍华人某收藏家收藏的一对青花云龙纹象耳瓶，由于国内的古陶瓷专家对该瓶的真伪、年代意见不一致，因此对其进行了热释光测试，测试数据表明，这对耳瓶是元代器物而非仿制品。

为确保准确，这位收藏家

又先后使用了多种现代科技手段进行了测试，如中国科学院对胎质的常量元素分析，上海复旦大学的外束PIXE分析，北京同步辐射实验室的SRXRF分析等。同时，又与元代器物进行了比对。将元大都出土的两件青花瓷器进行了X射线荧光无损分析。结论为两件青花瓷瓶测试数据与元青花云龙纹象耳瓶的数据相似或接近，从而证实了先前热释光测年法的结果是正确的。这两件瓷器因此确立了无价之宝的文物地位。

▼ 热释光测年法需要进行分层取样

DNA与影像技术：讲述古人的故事

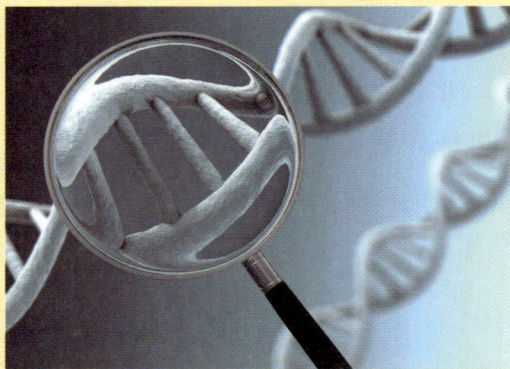

考古学发展的趋势是科技考古。 DNA技术和摄影考古技术被成功地应用在考古学界，不仅为科技考古提供了新的手段，也为解决与各地考古学文化相关的问题提供了一种全新的方法和思路，它们让充满古老气息的考古工作变得更加现代。

DNA技术在考古上有着广泛的应用

2007年，美国《考古学》杂志11—12月合刊文章报道，中世纪的DNA能帮助科学家找到治疗艾滋病的新方法——用基因变异抗艾滋病。最近荷兰的一次重大考古发现，可能会帮助科学家在古人的DNA变异和现在的艾滋病之间建立起某种联系，从而攻克艾滋病这个现代医学难题。

石地磅汉代墓地位于重庆市万州区太龙乡，在2001年4月的发掘中，出土了300余件随葬品。其中，灰陶系器物大多带有日常使用的痕迹，地方性特征明显；而红陶系器物却多呈现明器风格，以仿中原铜礼器造型为主。这两类器物的数量比例在同一墓中相差无几，考古人员不禁要猜想，墓主人究竟是当地土著居民还是中原移民。

为弄明白这一问题，考古队对不同墓室中残留的少量墓主人的骨骼进行了采样，以肢骨和牙齿为样本，成功提取了蕴涵其中的古DNA片段。在此基础上，又运用聚合酶链式反应技术对该古DNA的线粒体、Y染色体进行了测试，并通过与复旦大学的人类骨骼基因库的数据进行对比，从分子水平上初步揭示该墓主极有可能是南方土著居民。

其实，早在20世纪80年代，从古代生物遗骸中提取DNA片段的分子生物学技术就开始运用于考古研究中。这一时期，我国考古专家就开创性地从长沙马王堆古墓出土女尸中提取了古DNA 和RNA。目前，美国、日本、德国等国的学者已在应用古DNA技术研究古代个体和群体之间亲缘关系等方面取得了相应成果。

另外，摄影成像技术在考古学界已得到了愈来愈多的应用，并发挥了重要的甚至是

▼ 通过物理显微镜摄像技术可以看到肉眼观察不到的微观世界

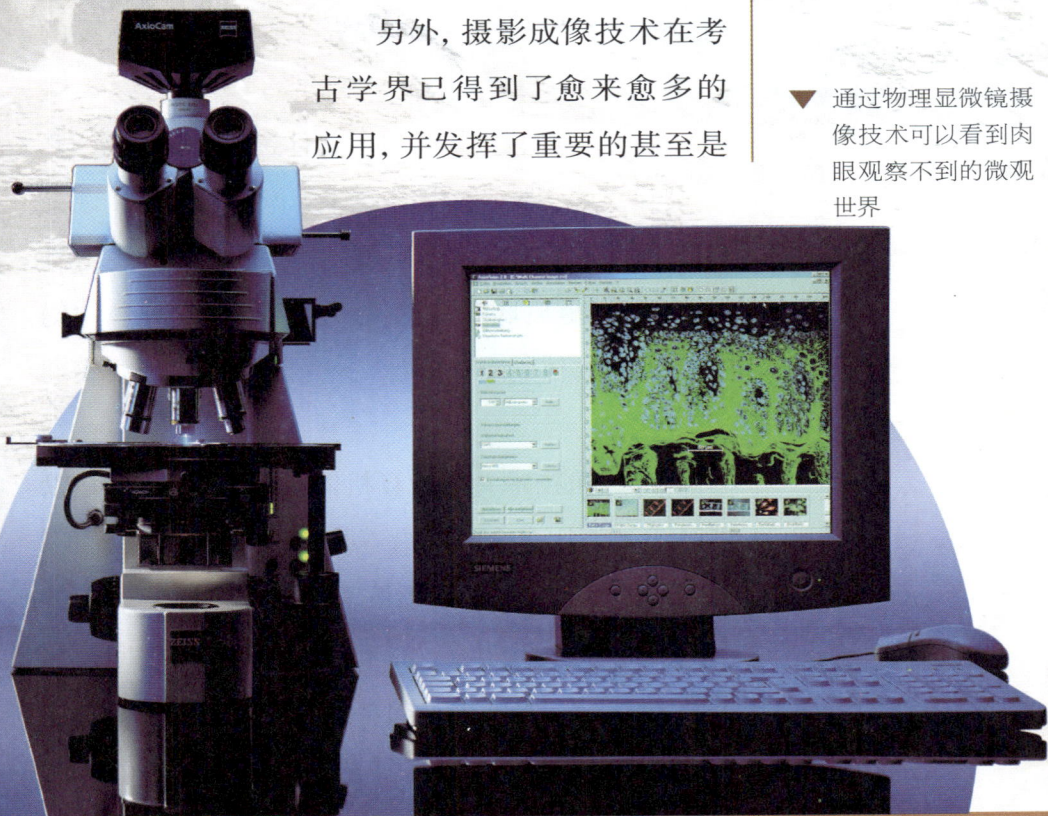

2009 年，借助于 CT 扫描，英国科学家获得了两种生活在 3 亿年前的蜘蛛三维图像，从而让科学家得以细致地观察这些远古的生物。这两种蜘蛛体型大约跟一枚 50 便士的硬币相当。科学家用 CT 扫描仪给每个化石拍摄了大约 3000 张 X 光照片，然后利用专业软件汇编出了精确的 3D 模型。

不可替代的作用。

现在人们使用的影像考古技术种类很多，有物理显微镜摄影技术、红外成像技术、激光全息照相技术、CT成像技术等，也有空中摄像技术、水下摄像技术等。分类标准不同，名称也不同，但其工作原理不变，对考古作出了不小的贡献。

物理显微镜摄影具有图形直观和定量分析等优点，为考古研究提供了检验文物外观信息的方法。这种技术深入微观世界，可使人看到肉眼观察不到的细微之处，在文物的冷热加工、铸造、冶炼、陶器和石器产地等考古信息判断中起着重要的作用。

激光全息照相技术可对物体进行无损检验，并记录其立体图形，获得其立体影像。全息照片记录的是真实的立体影像，且可以持久保存，即使全息底片(多数是玻璃底片)破碎后，用破碎的玻璃片仍会得到原物体的立体影像，只是影像稍微暗淡模糊一点而已。

CT成像技术又称计算机体层成像技术。它是以X射线线束从多个方向沿着某一选定的断层层面进行扫描，测定透过的X射线量，经计算机处理获得该断层层面组织的吸收系数，然后重建图像的一种成像技术。CT成像技术的发明者——英国的亨费尔德获得了1979年的诺贝尔生理学和医学奖。目前，这

种技术已在推断古尸年龄、性别、死因，甚至是修复古尸等方面得到了应用。考古学家曾用CT成像技术对一具女性古尸拍摄了271张照片，经计算机反复比较处理后组成立体图像，从而使这位名叫泰伯丝的古代女歌唱家再现人间。

　　DNA技术和摄影考古技术为考古研究提供了更为便捷的方法，成为科技考古的重要组成部分。

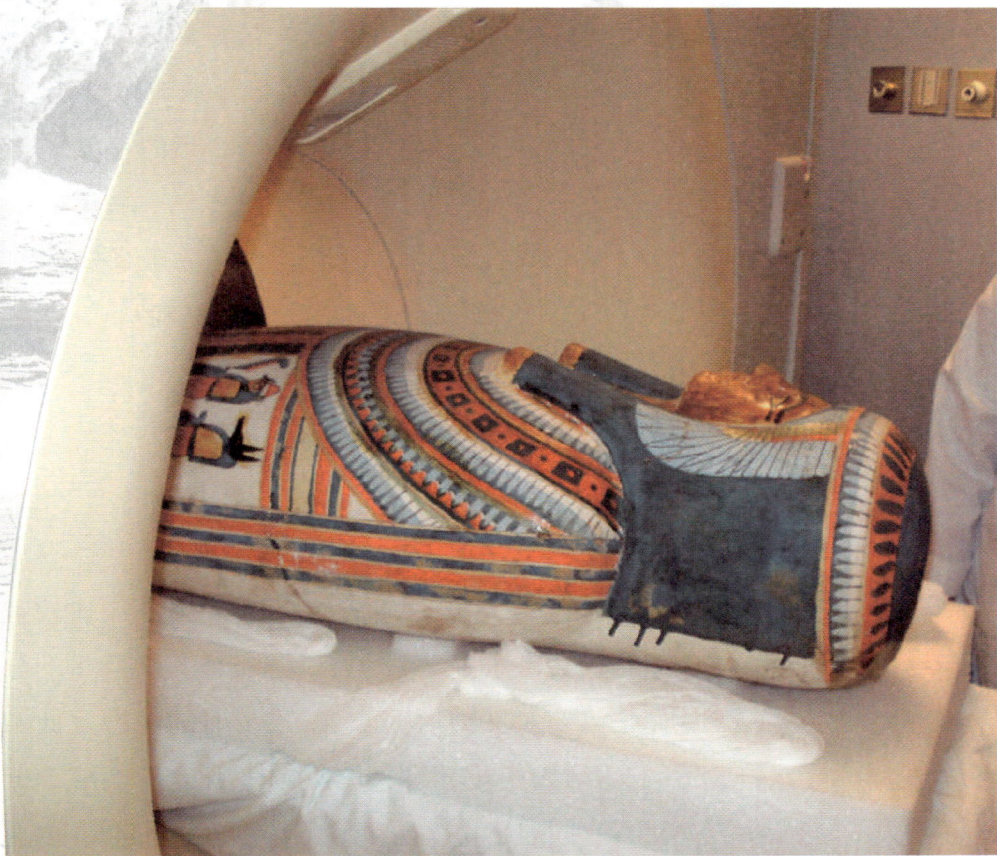

▲ 使用CT成像技术扫描木乃伊

绕不过去的物质成分分析

现代科学技术向考古学延伸的一个重要方面，是分析古代文物的物质成分，这是传统考古学力不能及的。高新技术的应用，帮助人们突破了时空的限制，对遗物所含的元素、数量、组织结构、物理性能以及制造工艺、原材料的来源和产地等进行分析，这些遗物向我们吐露了古代的生活情景和故事。那么，应该怎样选择合适的考古分析技术，对古代文物的物质成分进行分析呢？

现代科学技术向考古学延伸的一个方面，是分析古代文物的物质成分

非洲埃及古墓中出土的黄铜灯，原被认为是16世纪的产品。后来，科学家运用原子吸收光谱技术对其分析检测后发现，这些黄铜灯的含锌量高

"古代文物的物质成分分析"，是一个比较宽泛的概念，我们需要对文物内部元素及其含量的分析，也需要对文物物质结构、成形时的温度及此条件下的结构变化、物理化学变化、化合物的成分分析。对不同的文物样品和需要解决的不同问题，要选择相应的考古分析技术，这样才能"对症下药"，收

到事半功倍的效果。

目前应用于考古领域的物质成分分析技术越来越多，主要有中子活化分析技术、核分析技术、原子吸收光谱分析技术、质子荧光分析技术、气相色谱分析技术、核磁共振分析技术、红外光谱分析技术、电子微探针分析技术等。

1936年，匈牙利放射化学家荷韦斯和利伟首次提出中子活化分析技术。20世纪70年代后期，这种技术开始广泛应用于材料、环境、生物、考古等领域。与

达 34%，这与欧洲等地在 19 世纪中期生产的黄铜制品中的含锌量达 28% 以上的情况吻合，从而证明这些黄铜灯是 19 世纪制作的产品。

▲ 核磁共振分析技术适合分析琥珀化石

中子活化分析技术中的"活化"是指，用具有一定能量和流强的中子、带电粒子或高能 γ 光子轰击待分析的样品，使样品中的核素产生核反应，生成放射性核素的过程。由于放射性核素具有射线能量和半衰期特性，故通过测定核素的半衰期和射线能量，便可定性分析样品中的元素；通过测定射线强度，便可分析样品中的元素。

其他元素分析技术相比，中子活化分析技术具有取样量小、灵敏度高等优点。这种方法对80%以上的元素的分析灵敏度来说都很高，非常适用于对珍稀考古样品的分析，其分析精度一般在±5%之内。

将原子吸收光谱作为一种分析技术，最早是在1955年由澳大利亚科学家瓦尔西提出的。20世纪60年代末期，这种技术开始在考古领域中得到应用。它的灵敏度高，测量误差范围小，测量速度快，可测元素范围非常广泛。

核磁共振分析技术具有不破坏样品就能分析物质的内部结构、分辨率高、共振谱线参量比较多等优点，在考古学中非常适合分析琥珀等化石。

核分析是一种非常重要的考古分析技术，在下一节，我们将对其单独做详细的介绍。

不同的考古分析技术对样品的探测能力也有所不同。有的仅能分析考古样品的分层；有的则能提供样品内部的信息；有的对样品具有一定的破坏性；有的对样品则是非破坏性的。以分析考古样品中的化学元素为例，对元素的分析主要是了解文物样品含有哪些元素及它们在样品中所占的比例，这些元素的成分

信息在考古研究中具有十分重要的意义,如对古代玻璃的分析,可以得出不同年代所用的原料来源、着色剂种类等信息。根据所测定元素含量的精度,不同的分析技术有不同的适用范围,如原子吸收、X射线荧光、中子活化等分析技术,通常用来测量微量元素;中子活化分析技术还经常用于分析元素含量极低的样品。

▼ 中子活化分析技术

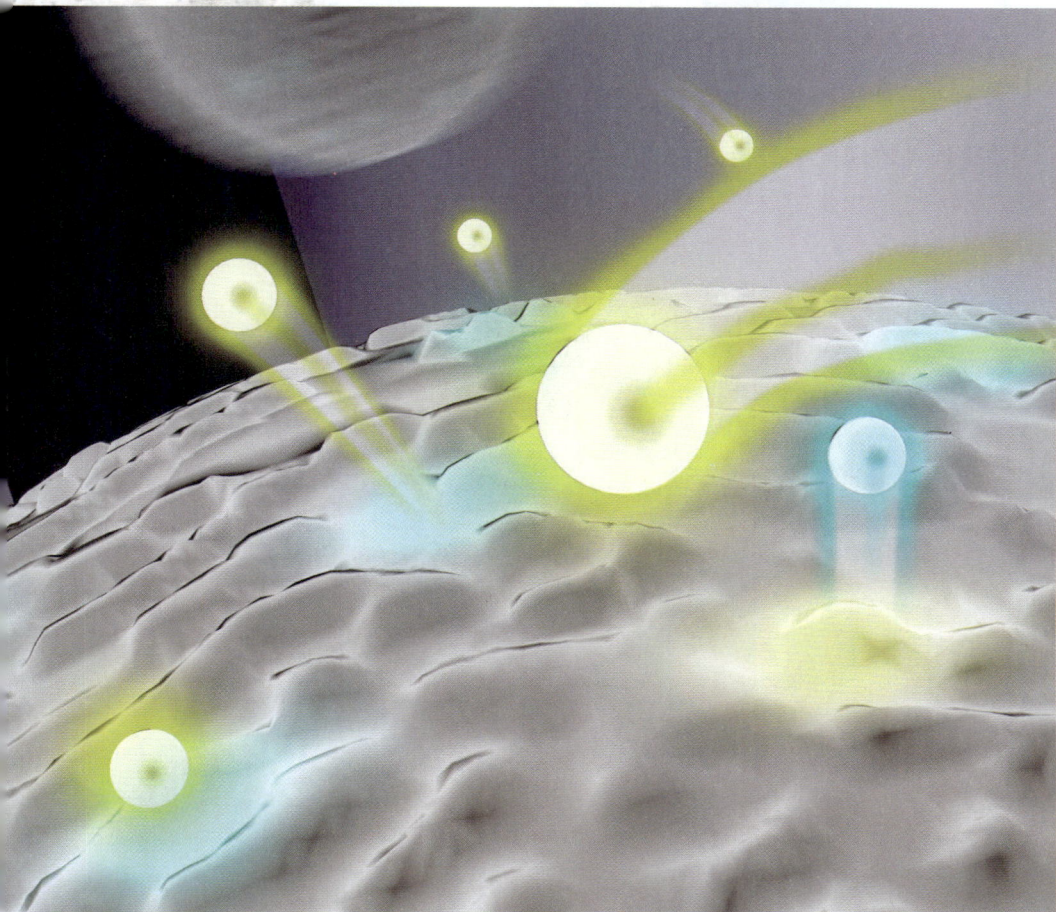

文物不受损，
射线来帮忙

　　以前，碳-14年代断代法，物理性能、化学元素的常量分析测试，微量元素测试，热释光测试等方法的应用，取得了很多重要的测试数据，但对于许多完整的古器物来说，并不适用。因为有些古代遗存太过珍稀，不允许被破坏，也无法再生，只能通过与一些可靠的有纪年的其他器物作比较，从其外表特征方面进行比较研究。这样一来，要研究古器物的内涵，精确测定一些传世的精美陶瓷器的年代或真伪，就无能为力了。这就需要借助高科技的现代核分析技术。

高科技鉴定手段已经成为当前考古研究的组成部分之一

随着高科技的发展，运用高科技手段鉴定古代遗存的性质、时代、产地、真伪及遗存本身的内涵，已成为当前考古学及文物研究的重要内容。

现代核分析技术是以核物理和核化学为基础，由各种核效应、核谱学及相关技术组成的一种高技术。其主要特点是灵敏度高、准确度好、分辨率高、破坏性低、具备多元素分析能力等，因此常可用于其他分析技术难以完成、甚至无法完成的分析鉴定工作中，如文物组成分析、文物年代测定、文物制作工艺水平分析等。核分析技术已在古代文物的鉴定、分析中日益显示出不可替代的作用。

震惊中外的秦始皇兵马俑被发现后，人们很想搞清它们是在当地烧制的还是在外地烧制的。科学家用 XRF 分析法对其进行了分析，发现这些俑都是用当地骊山黏土烧制的。科学家还通过对骊山黏土进行试烧，发现秦始皇兵马俑的烧制温度被控制在 850 ~ 1030℃ 之间。

▲ 采用X射线分析法检测化石标本

蚁鼻钱，是先秦楚国的货币，又叫鬼脸钱，因为它属于春秋、战国时期，很多考古学家理所当然地认为它属于青铜类。但经X射线荧光分析，虽然蚁鼻钱也是铜锡铅合金，但有的含铅量达70%～80％，有的含锡量达68%，含铜量超过50％的17个样品中只有3枚，这说明蚁鼻钱的配料没有统一的规定，所以将它归纳到青铜类显然是不妥的。

现代核分析技术主要包括三种分析法，即X射线分析法(简称XRF)、外束质子激发X荧光分析法(简称PIXE)、同步辐射X射线荧光分析法(简称SRXRF)。它们在科技考古领域都具有相当重要的地位，在对古文物的分析中，都具有科学研究和科学鉴定的双重功能。这一节首先介绍X射线分析技术。

X射线分析技术是一种借助X射线来识别原子种类的技术。它能够分析出古代文物中的元素及其含量，因而受到了考古界和科技界的重视。本节着重介绍这种技术。

X射线是一种波长短、能量高的电磁波。当用X射线照射物质时，除发生散射和吸收现象外，还会造成原子内的电子发生电离，内层轨道的电子脱离原子，形成一个空位，使原子处于"激发态"，这样外层电子就会自动向内层跳去，填补这个空位，从而发射一定能量的X射线。由于它的波长和能量与原来照射的X射线不同，科学家将其称为次级X射线，又叫X射线荧光。

X射线荧光的波长往往取决于物质中元素的种类，每一种元素，都有其特定的X射线荧光的能量和波长，于是可以分辨出该物质中所含元素的种类。同时，根据物质被激发的X射线荧光的强度，能测出其中所含元素的含量。

英国牛津大学早在20世纪50年代，就利用XRF

▲ 宋代时期的书画使用的是松烟墨

技术分析了各种不同材料制成的文物。目前，这种技术在世界考古领域已得到了越来越广泛的应用，除分析文物的元素构成及含量、年代、产地外，还可以了解文物内部焊接、修复、补配、镶嵌等情况。

墨是书画的基本原料。新石器时代出土的墨陶就充分显示出我们祖先运用色彩的艺术能力。在现有大量的古代字画中，不少是后人模仿的赝品，从科技分析的角度来看，对书画的鉴定除了鉴定纸张的年代外，重要的是鉴定书画上墨迹和颜料的成分和年代，比如使用松烟墨表明是宋代时期的画；如

使用油烟墨，则表明是明清时期的画。

近年来，科学家运用XRF分析技术分析古代墨与现代墨中的成分，差异主要是常量与微量元素的种类及其含量，找出其规律性，进而判断古字画的创作年代。如今，这种方法已在判断古代字画的真伪中发挥了很大的作用。

XRF分析技术还可以透过器物的表面，清晰地拍摄到反映文物内部结构的照片，从而使人们能够看到文物的内部结构。

清明上河图（局部）

PIXE和SRXRF：元素分析高手

XRF、PIXE和SRXRF这三种核分析方法基于同样的原理，实验方法也具有相似性。其区别主要在于激发源的不同。同步辐射以其光源强度高、准直性好见长，但设备昂贵。常规XRF虽然灵敏度不如SRXRF，但设备简便，极易普及推广，在青铜器、古陶瓷、古兵器等鉴定中具有重要作用。上一节我们已经介绍了XRF，在这一节我们将来了解PIXE和SRXRF。

SRXRF技术适合对珍贵的古陶瓷进行分析

外束PIXE分析方法是一种无损、快速的多元素分析方法，很适用古代文物成分的分析研究。其全称是质子激发X荧光分析法。

PIXE分析技术的基本原理是用加速器产生高速带电离子去轰击待测样品，使样品中的原子受激电离，从而发射出能表征某种元素原子特征的X射线，不同元素具有不同特性的X射线，这样就组成了样品的X射线荧光谱。通过对谱线的分析，就能识别元素的种类。

在PIXE技术方法发展的起始阶段，待测样品

是放在真空靶室中进行PIXE测定的，称之为真空PIXE。随着PIXE分析技术的发展，人们让质子束流穿过薄膜，把质子束流引到空气中，对待测样品进行PIXE测定，人们将此种方法称为外束PIXE。这种方法的灵敏度高，取样量少，准确迅速，并能同时测定多种微量元素，可谓功能全面。

因此，国外先进的PIXE实验室普遍开展了外束PIXE分析研究工作。1994年，我国也在实验室中建立了外束PIXE装置。目前，它已被大量应用于生物环境科学、地质考古学等方面的研究。

我国科学家曾用外束PIXE分析法，对秦始皇兵马俑坑出土的青铜箭镞进行了分析，发现其中不锈蚀的青铜箭镞表面含有大量的铬（Cr）元素，而锈蚀的箭镞表面均未发现铬元素的存在。此事意义重大，说明我国劳动人民早在秦始皇时期，甚至更早的年代就已经知道用铬来进行防锈处理。

SRXRF是同步辐射X射线荧光分析方法的简称。它是一种重要的元素成分分析法。

SRXRF分析技术的优点之一是具有极高的灵敏度，这是因为它利用了高能电子加速器产生的同步辐射X射线，该种光源具有强度高、准直

中国科学院高能物理研究所同步辐射室，曾对两件元大都遗址出土的元青花瓷器进行了元素成分分析；后来又测试了一对青花云龙象耳瓶和一个青花菱形大盘；随后又对6件现代高仿的元青花瓷器进行了测试，并将上述所有的测试结果进行了对比分析。这些结果与其他实验室的分析结果是完全一致的。这表明同步辐射X射线荧光无损分析，是一个较理想的古陶瓷研究和鉴定的科学分析方法。

▼ 岩　画

KAOGU TANQI — GAOKEJI YU KAOGU

科学家曾经用PIXE法分析我国初版与再版纪念邮票和特种邮票，结果表明，初版和再版邮票所用印刷油墨颜料的化学元素的成分是不同的。因而PIXE方法可以用来实现初版和再版珍贵邮票的无损鉴定。这一方法也可以应用到对某些重要纸质文献或艺术品真伪的鉴定。

性好、能谱广且连续可调，以及偏振性等优点，使SRXRF元素分析的灵敏度大大提高。同时，该技术不破坏分析样品，可同时进行多种元素分析，分析的浓度范围不甚苛刻。因此，它很适合于进行古文物成分的分析研究，尤其适合对珍贵的古陶瓷样品进行分析。

早在20世纪80年代初期，中国科技大学的科学家就用SRXRF分析法对广西南部左江流域的壮族先民骆越人的岩画进行了分析。这些文化遗产距今约2000年，延绵200余千米，横贯宁明等6个县市，全以赫红色颜料绘成，至今清晰可见。分析发现，岩画颜料主要为方解石、石英、赤铁矿、高岭土等组成的矿物颜料，但这些颜料均无黏合作用，那么它们靠什么做黏合剂呢？

科学家进一步研究分析后发现，这种奇妙的黏合剂是一种不溶于水、性能稳定的木质素。这种木质素是树液中的松柏醇转变而成的，具备较好的耐热性能，因此承受住了约2000年的风吹日晒和雪化雨淋，可谓"风雨沧桑，恒心不改"。

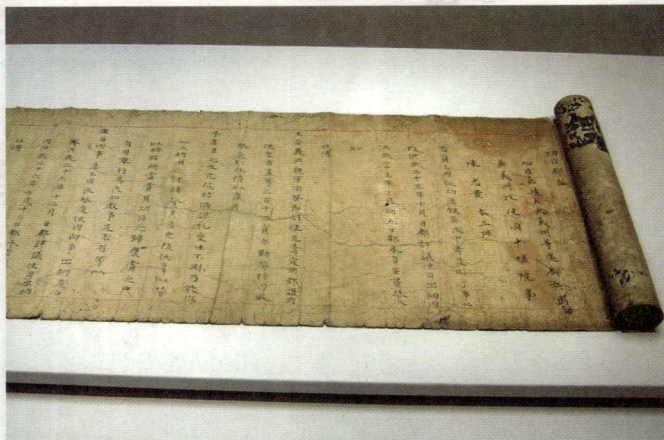

▲ PIXE技术可用于鉴定重要纸质文献

第二篇
保护文物，科技当先

用高科技保护文物

千百年来，历史上遗留下来的各种文物，无论是地下的陶器、青铜器、古尸，或是地上的石窟、石刻、壁画，还是水下的沉船、城市的遗址，都在不断地遭受周围环境的侵蚀和时间的考验，甚至遭受人为的破坏，历史正悄然远去……

大理石石雕生成技术可以修复残缺

1977年，考古人员在北京平谷县发现了商代墓葬，并出土了铜、金、玉、陶器等共40余件文物，其中铁刃铜钺为当时国内发现的第二件同类文物。进行检测后，结果发现一种在地球上从未发现的钺里有铜和铷的元素，并从含钴和镍元素确定为陨铁而不是铸铁，使人们对这件珍贵文物

现在，考古界和科技界的专家们开始越来越多地运用现代科技手段来保护和修复古代文物，找到了几条文物修复与保护的科学之路。

红外影像修复技术。如果用较强的红外线照射壁画等待修文物，可使画面中被隐蔽的原有色调产生较大的红外反差，红外显像管荧光屏上就会形成清晰的红外影像，专家根据红外影像，就可以对文物进行修复。

紫外影像技术。它同样可以发现古画中模糊不清或曾经做过微小修改的地方，并能协助考古学家修复名画，鉴别真伪，了解古代绘画大师的创作思路。

石质文物的修复有很大的进展,最近英国科学家发明了一种奇妙的大理石石雕生成技术。使用这种新方法,能在石雕残缺的部位快速生长出新的晶体来,类似受损皮肤长出新的皮肤。这种技术已被应用于石质文物的残缺、裂缝、风化等的修复工作中,并获得很好的效果。

古代纸张、古籍善本书的保护也很重要,考古学界采取了一系列的科学手段来加强保护。如在纸质文物外部加装函套,并除去其中的氧气,充入惰性气体;用物理或化学方法控制环境温度和湿度;采用无紫外光源,控制照明强度等。

成分结构的认识更为清楚,提高了文物的价值。人们也将我国用铁的历史上溯了500年。

▲ 考古学界采取了一系列的科学手段来保护古籍善本书

1963 年在北京召开了全国文物保护科研规划会；1973 年中国文物保护技术学会成立；1978 年中国文物保护技术协会成立；1986 年在北京举办全国文物保护成果展。这一时期，中国科技考古学会、考古化学与文物保护学会、文物修复协会、陕西省文物保护修复中心相继成立。复旦大学、北京大学、西北大学、中国科技大学的一批大专院校纷纷投入文化遗产保护事业中。至此，中国的文物保护事业步入了一个新的发展阶段。

怎样才能真正做好文物的科技保护，并在实践中收到成效呢？

文物保护工作者的观念要正确。文物科技保护是以科学的方法和手段保护文物。首先，要以现代科学方法分析文物质地、成分，研究其制作年代、用途、工艺、保存环境、腐蚀机理、病变情况等，然后对症下药，实施一系列保护性措施，以延缓其衰老，延长其寿命，使文物的科学、历史、艺术等价值得到更好的利用。因此，文物科技保护不仅要求从业人员具有较高的专业文化水平，而且要配备先进的检测分析仪器。全社会都要来重视文物科技保护工作，积极支持、培养文物科技保护人才。科研机构也应降低门槛，与文物工作者通力合作。考古与科技不分家。

古代文物中有些蕴涵着丰富的古代科技思想和传统技术，对它们的考证，不仅可以了解古人的创造思路和制作方法，而且可以使其中优秀的传统文化和技术发扬光大。例如：

　　回音建筑，是古人巧妙利用声音反射等原理建造的一些特殊需要的庙宇和宫殿。北京天坛回音壁、河南郏县蛤蟆塔、四川潼南县大佛寺的石琴和山西永济县普救寺的莺莺塔，是我国现存的四大回音建筑，名扬天下，也昭示着中国古代科技的伟大成就。

　　曾侯乙编钟，是我国古代乐器中的一朵奇葩，它的美妙音乐源于巧妙的工艺。经过研究，发现每口钟都能发出两种不同的音调，而这种双音调技术却是现代学者们正在研究的问题。

　　"黑漆古"是古代铜镜的一种。它有着惊人的耐腐蚀能力，虽然历尽沧桑，外表看上去却完整如新。对"黑漆古"的研究对现代金属器物的表面处理技术也具有一定的借鉴作用。

▼ 北京天坛

59

铜车马是怎样重现风采的

2010年6月1日上海世博会，中国馆迎来了一件镇馆之宝——"秦俑馆一号铜车马"，当天上海世博会为此"国之瑰宝"举行了隆重的开幕式，并将之定为镇馆之宝。那么这件秦代的宝物是怎样重现风采的呢？

秦陵铜车马

铜车马主体为青铜所铸，一些零部件为金银饰品。各个部件分别铸造，然后用嵌铸、焊接、黏接、铆接、子母扣、纽环扣

1980年，考古学家在秦皇陵附近出土了我国目前体积和重量最大、结构最复杂、制作最精致的一组青铜文物——秦陵铜车马。这一发现为研究秦代车马工艺提供了翔实的实物资料，是我国又一新的考古成果。

铜车马刚出土时,因年深日久,已受到严重破坏,所有部件无一完整,其中二号铜车马全车残破1338块,有断口1459个,破洞或残损61处,大部分构件有不同程度的变形。而完整无损的一号车是由3500多个零部件组成,总重量1040千克,展示了秦代高超的冶炼、铸造工艺,其精湛的技术令人折服。

以秦俑博物馆为主体的科研人员,在科学总结秦陵二号铜车马修复经验的基础上,对一号铜车马的具体情况进行了详细的调查、分析、测试和研

接、销钉连接等多种机械连接工艺,将众多的部件组装为一体。通体彩绘,马为白色,彩绘时所用颜料均为用胶调和的矿物颜料,利用胶的浓度塑造出立体线条。车、马和俑的大小约相当于真车、真马、真人的二分之一。它完全仿实物精心制作,真实地再现了秦始皇帝车驾的风采。

▼ 近看铜车马

究，制定了"合理运用粘接、焊接、机械连接，适当附加加强件"的综合性修复方案，成功地修复了秦陵一号铜车马，使这座国之瑰宝重现风采。

秦陵一号铜车马修复项目将传统修复技术与现代科技有机结合，在大型青铜文物修复领域里达到了国际先进水平，这个项目创意重大，成效卓著。

首先，整体修复方案考虑周全。在保持"修旧如旧"、不改变文物外形和尽量保护文物现状的前提下，人们为保护修复效果和强度，利用文物自身条件，沿用传统修复技术，并利用现代科技手段，引用其他工艺技术对铜车马进行多种工艺技术的综合修复。

其次，修复中运用了大量的现代科技手段，利用专用工具压力矫形机和专门卡具、模具，对变形青铜构件进行矫形；针对一号铜车马实际情况，研制了新型胶粘剂，减少了胶粘剂与被粘物之间的物理吸附，提高黏结强度；研制了锡—铝—铜—镉四元合金低温焊料，温度低，工艺简便，综合性能较佳；采用机械

除去断口锈垢，以免残酸破坏文物；开发了8701型保护剂，对青铜彩绘文物进行了科学保护，修复后的铜车马彩绘保存状态良好。

经过近两年的努力，秦陵一号铜车马终于以崭新的姿态展现在人们面前。它的成功修复，不仅为我国古代科技、美术、车马制度及宫廷御服制度等方面的研究提供了极为珍贵的第一手资料，而且产生了巨大的社会效益和可观的经济效益。这些先进技术和新开发的修复产品，在我国青铜器保护中也具有广阔的推广应用空间。

KAOGU TANQI—GAOKEJI YU KAOGU

认识铜车马，还需仰仗两个"坐标系"。横的"坐标系"是秦代的车制及秦的社会，纵的"坐标系"需要考察自车出现至铜车马的制成及其中的变化。最重要的，莫过于考察围绕它的礼仪制度。这样，才能很好地理解铜车马。例如，《周礼·冬官》说道："轸之方也，以象地也；盖之圆也，以象天也；轮辐三十，以象日月也；盖弓二十有八，以象星也"，这个车教之道，在铜车马身上得到淋漓尽致地反映。

◀ 铜车马的俑

辽白釉碗是怎样修复如初的

在考古发掘中，我们无法避免对即将出土的文物造成一些损害。更何况有些文物在出土时本身就是以破碎的形式存在的。易碎的陶瓷就更不用说了。其中的一些精美的物件，我们的科技工作者就不得不对其进行修复。

陶瓷拼接修复需要使用胶黏剂

内蒙古大草原一望无垠，它横亘在中国的北方，古来就是我国北方少数民族生息、繁衍的土地。东胡、契丹、鲜卑、蒙古，多个民族在这块土地上

2001年，上海博物馆成功举办了名为"草原瑰宝——内蒙古文物考古精品展"的文物展出活动。这次展出了200多件文物精品，其中有敖汉旗贝子府镇马吐墓出土的辽莲花纹官字款执壶、温碗、盏等酒具一组4件，内中一件白釉刻花莲花纹碗出土时碎成21块，亟待修复。

这件文物出土后，地区博物馆曾做过修复。但地区博物馆专业修复人员匮乏，修复技术相对落后，修复质量粗糙，所以需彻底重新拆除、清洗、拼接、补缺、做色、做旧，其中还需借助一些现代科技手段和科技产品。

再次修复时，首先把过去的修复痕迹去掉。专家们用化学溶剂将器物表面处理干净，将器物置于盛有化学试剂的不锈钢容器中，加盖浸泡。

上演了波澜壮阔的历史诗篇，经过长期的文化碰撞和融合，以各自的方式汇入了中华民族的博大血脉。

▲ 修复陶瓷所使用的仿瓷涂料与相关工具

釉的种类很多，按配料组成可分为石灰釉、长石釉、铅釉、无铅釉、硼釉、铅硼釉、食盐釉；按配制方法可分为生料釉、熔块釉；按烧成温度可分为高温釉、低温釉；按外观特征可分为：透明釉、乳浊釉、颜色釉、结晶釉、变色釉、裂纹釉等；按坯体种类可分为瓷器釉、陶器釉、炻器釉等。我国陶瓷生产中所用的主要有长石釉和石灰釉两大类。由于釉中所含氧化金属物的不同以及烧成气氛各异，釉色有青、黑、绿、黄、红、蓝、紫等。古代的白瓷是接近无色的透明釉。

器物在试剂中浸泡了2～3小时后，以往修复用的胶体脱离，器物散架，专家们再用医用钳子将瓷片一块块取出。

取出瓷片后，先处理干净再进行拼接。生活常用的胶黏剂有家用百得胶、502快干胶、环氧树脂胶等，而黏结古陶瓷用进口的新科技产品——环氧树脂胶。这种胶无色透明，耐酸耐碱，黏结力强。黏结之后，白釉刻花莲花纹碗还有2处残缺，大的一块尺寸为12厘米×10厘米，小的一块为8厘米×4厘米，呈不规则形状。补缺前需在原件上用打样膏打样作模，瓷粉加黏合剂浇铸成形，复原补缺。

浇铸的模型图案线条不够清晰，需做进一步加工，于是，专家们采用高速打磨机雕、刻、磨，使图案线条自然、浑厚、流畅，与原器风格接近。最后，给整只碗上色罩釉。

仿瓷涂料做色又是一件细活。陶瓷专家们调制略带朱黄的白釉，并在白色瓷板上试色。调出与原器最接近的色后用机械喷涂，色要薄，釉要厚，细小部位要手工与机械结合绘制，点点滴滴，巨细无漏。在器物的凹凸处，釉有厚薄，色有深浅，修复的釉色也要随之变化。原器白釉中有些细微的杂物，釉色带有颗粒色点，这些细节也必须再现。这样，在传统

修复技术和现代科技手段、产品的综合处理下，一件宛如刚出窑的辽白釉刻花莲花纹碗就呈现在人们面前了。

　　修复后的白釉刻花莲花纹碗高8厘米，口径19厘米，碗敞口，口以下渐向内收，圈足。碗外壁由12瓣莲花瓣组成，图案刻花寥寥数笔，刚劲有力，线条流畅清晰。除底圈足内留白露胎外，通体施白釉。从造型、图案、胎、釉等各方面来看，此类瓷器明显受定窑影响，以辽宁、内蒙古出土数量较多。

▲ 古代的白瓷是接近无色的透明釉

如何去除青铜器上的粉状锈

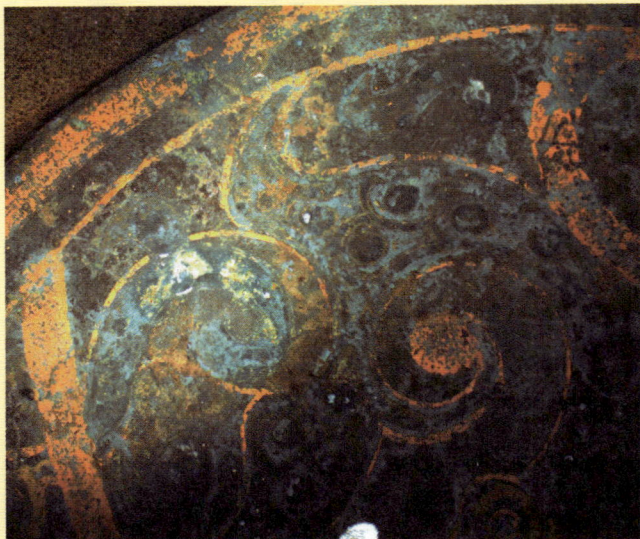

青铜的历史长达 3000 多年，留下了数以万计的青铜文物，但因其自身的弱点和保护不利，那些青铜文物正在遭受着各种各样的腐蚀，而粉状锈的锈蚀最为普遍也最为严重。

青铜器上出现的"粉状锈"

在金属类器物的腐蚀产物中，我们常常把锈蚀分为两大类。一类是对器物无害的腐蚀产物；另一类就是我们所说的"有害锈"。当然这是相对而言的。无害锈往往是本身相当稳定，不参与或促进任何进一步

"粉状锈"是碱式氯化铜的俗称，是一种有害的活性锈，在正常环境条件下，粉状锈不仅能在青铜器表面钻孔损坏器物本身，还能沾染其他铜器，具有很强的"传染"能力。这种恶性膨胀的绿色铜锈，被考古界视为青铜文物的致命"克星"。

研究人员发现，青铜器未出土之前，虽然周围的含盐量高，湿度大，但含氧量低，其表面在漫长的

▼ 当青铜器埋于地下时，尚未形成粉状锈

的腐蚀过程的锈蚀。有些锈蚀还相当致密，对器物有一定的保护作用，如铁器上的磁铁矿和青铜器上的碱式碳酸铜等。对青铜器而言，"有害锈"主要是指铜器上腐蚀层中的氯化物、硫化物等。硫化物破坏器物的艺术欣赏价值，而氯化物则促进器物进一步循环往复的反应，造成对器物进一步腐蚀的威胁。

考古探奇——高科技与考古

青铜器保存的一般要求是：保管青铜器物的房屋必须保持干燥，温度为18～24℃，相对湿度为40％～50％。必须预防接触青铜器产生的有害化学作用的物质，如酸类、油脂、氯化物等。搬取青铜器一定要带上绵丝手套，不能用手直接接触，避免手上的汗腐蚀。为预防尘埃，青铜器要放置在密封的橱柜中或玻璃橱里，最好做一锦盒，再将锦盒放在橱柜中。不要将它们互相重叠放置。不可以把青铜器与其他制品一起保存。

岁月里只生成了两层氧化膜。这两层膜都带有孔隙，为粉状锈的腐蚀提供了可能，但因为缺乏氧、氯和酸性条件，粉状锈难以生成。由此推断，当青铜器埋在地下时，粉状锈还未"诞生"。

一旦青铜器重见天日时，粉状锈就具备了生成条件，尤其是空气中的氯离子，大大增强了铜的氧化趋势，加快了反应速度，逐步形成碱式氯化铜。而碱式氯化铜本身为疏松的粉状物，空气和水分子仍可渗入其中，这样，碱式氧化铜便可不断生成，直至破坏青铜器的整体结构。

更糟糕的是，粉状锈最先易出现在古青铜器断裂面的边缘处和机械碰伤处等薄弱环节。古青铜粉状锈为点蚀型腐蚀，即锈蚀沿蚀点深入青铜内部并扩展，就像蛀虫一样往文物的内部钻；纯铜粉状锈则是面蚀型腐蚀，速度慢，不钻孔。点蚀粉状锈的锈蚀行为与青铜中的锡、铅密切相关，但无论如何，粉状锈都含有较多的氯化物。

经过努力，粉状锈的生成秘密终于被揭开了，为了根治青铜器上的这种恶性疾病，科学家们对症下药，发明了一种叫做"ACN1配方"的技术。这种技术能有效地清除青铜器上的绿色粉状锈，保持青铜文物古色古香，同时还能在青铜器表面形成一层致密的保护膜，抑制粉状锈的进一步腐蚀。ACN1技术把过去的"除锈、置换氯离子、缓蚀保

护"三道工序简化成一道工序，处理单件青铜文物的时间因此由原来的40天缩至10天左右。

近年来，俄罗斯科学家利用激光处理古迹和青铜雕像上的氧化物，也取得了很大的成功。当激光束在金属表面扫描时，所到之处的锈斑和氧化物很快蒸发掉，甚至细微之处的锈也难以"幸免"。

▶ 古青铜粉状锈为点蚀型腐蚀

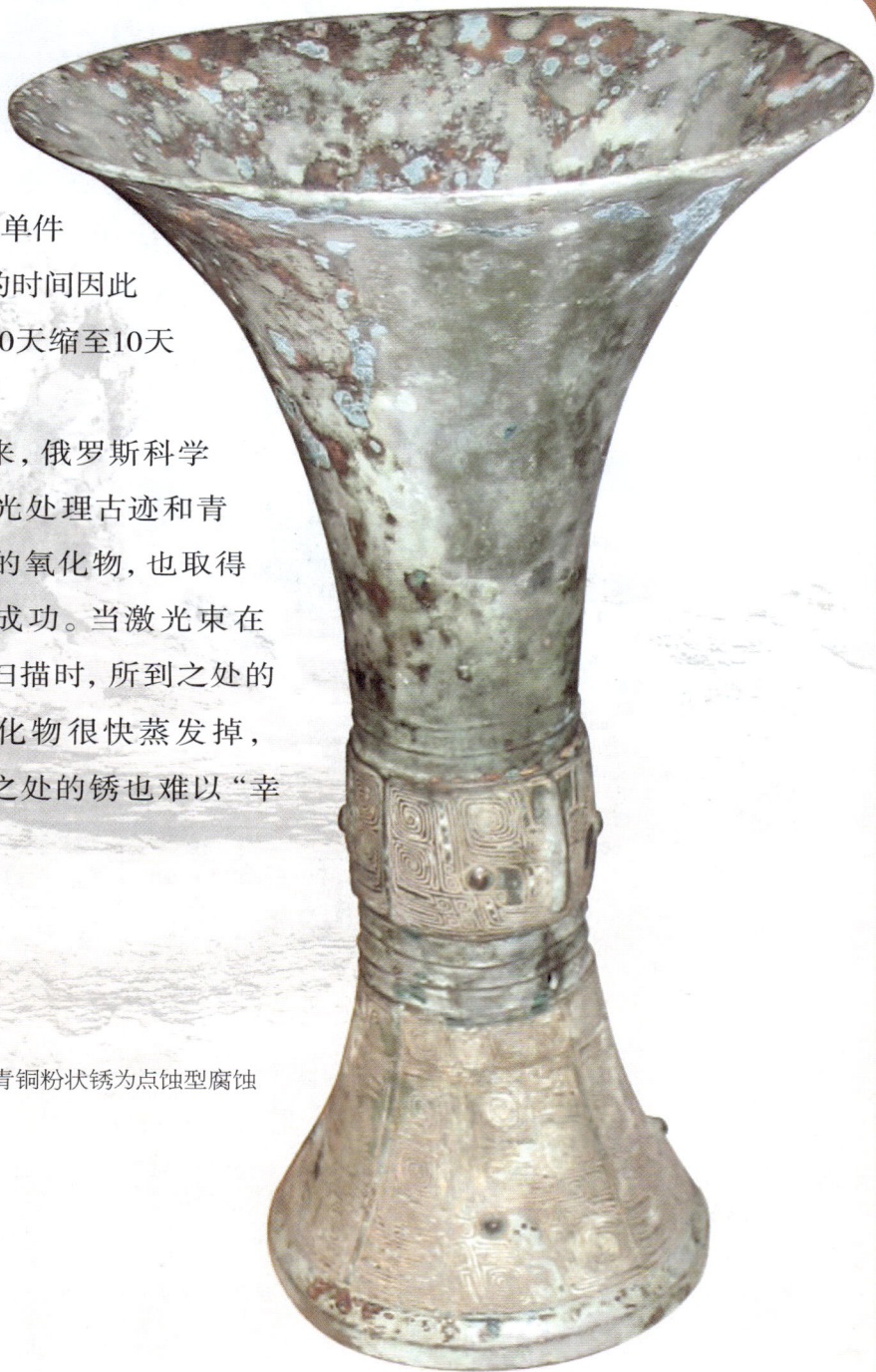

古建筑重生记

众所周知，西藏的布达拉宫、南京的太平天国天王府、北京的故宫等古代建筑积淀了丰富的历史内涵，成为国家的瑰宝。但是，因为年代久远，这些古建筑都受到了或多或少的自然破坏和人为损坏。但它们却青春永驻，屹立不倒，这是为什么呢？

布达拉宫

在修缮古建筑的过程中，总有一些古老的东西将会改变，总有一些旧的东西将会变成具有现代感的。只要无伤大雅，这些都

中国历史上最著名的古建筑维修工程，是西藏拉萨的布达拉宫维修工程。几百年来，尽管布达拉宫有过多次小规模的加固性维修，但一直险情不断。1988年，国家拨款5300万元，决定对布达拉宫实施大规模的维修。经过5年的施工，完成项目111个，

维修面积达33900平方米，使辉煌的布达拉宫再次展现在世人面前。联合国教科文组织在1994年5月的实地考察中，认为布达拉宫的维修工程设计和施工技术均达到了国际先进水平，称其为"古建筑保护史上的奇迹"。

是可以的。天坛在古时是皇帝祭天的地方。今天你来到天坛公园，你就会看到老人在空地上打太极，家长带着孩子在回廊之间穿梭游戏，年轻人在长椅上休息打牌，恋人在茂密的树林中漫步。曾经的祭天场所如今被赋予了新的使命——成为了市民们休闲游玩的去处，这也是古建筑在保护过程中最理想的情况。与其封闭地"保护"，还不如将其与时代相结合，让古建筑焕发出新的光彩。

◀ 大秦寺

位于终南山北麓的大秦寺，是世界上唯一幸存的代表宗教文化的中外名塔，因古塔年久失修，造成塔身裂缝、塔体倾斜、基部脱砖，损坏严重；建于公元1611年的永寿舍利宝塔，塔体内部发生坍塌；建于北魏时期的孙公祠面临失修损坏的危险。对此，国家也都拨出专款进行了维修。针对古建筑有不少木质建筑材料的情况，科技工作人员也采取了有效的保护办法。

2005年11月，故宫和国家文物局保护基金负责

▼ 故宫建福宫花园

的建福宫花园的复建工程竣工,这是国家批准的故宫首次大型复建工程。建福宫花园是故宫的4个花园(御花园、乾隆花园、慈宁花园、建福宫花园)之一,建于1742年,原为皇太子居住的地方,晚清时成为收藏珍宝的库房。1923年,溥仪皇帝决定清点家产,宫中利欲熏心之辈为掩盖往日盗窃之劣迹,纵火焚毁了建福宫花园。

复建工程必须尊重原状、原貌,不允许设计师刻意创新。为此,有关部门成立了专门研究机构,对建福宫花园进行测绘,对各种历史资料进行研究,以确定与原貌相同的复建方案,确保复建建筑与原建筑在法式、规制、形式、风格、工艺等方面完全一致。

至 2010 年 8 月,中国已有 40 处自然文化遗址和自然景观列入《世界遗产名录》,其中文化遗产 27 项,自然遗产 8 项,文化和自然双重遗产 4 项,文化景观 1 项。

建福宫地面上的建筑全被烧毁了,只留下了一些石头。按以前做法,损坏较大的石头都要更换。在这次修复中,在英国石材文物保护专家的技术指导下,对遗址上留下的石头,使用了一些国际上比较先进的方法,如切割法、钢纤法、黏结法等,古老的石头也都保留了下来。

建福宫花园复建,被认为是故宫与国家文物局保护基金会在技术、管理上各取所长,互相沟通,共同保护古代建筑,传承古建筑修复技术的成功之作。

壁画绘制新技术

大昭寺壁画

壁画为人类历史上最早的绘画形式之一。现存史前绘画多为洞窟和摩崖壁画，最早的距今已约2万年。历经千百年后，人们终于揭开了大部分壁画的绘制技术。

敦煌壁画包括敦煌莫高窟、西千佛洞、安西榆林窟共有石窟552个，有历代壁画5万多平方米，是我国也是世界壁画最多的石窟群，内容非常丰富。敦煌壁画是敦煌艺术的主要组成部分，规模巨大，技艺精湛。敦煌壁画的内容丰富多彩，北京奥运会吉祥物之一的欢欢头部纹饰就源于敦煌壁画中火焰的纹样。

明代大召经堂壁画，是1985年大召经堂落架大修时抢救性揭取下来的。这套壁画于1990年收藏到内蒙古呼和浩特博物馆中。

当时揭取的壁画总面积为33平方米，被切割成大小不等的199块，加固装框为72块，可组成63幅较完整的画面。十多年来，因保护技术和条件的限制，以及揭取时切割、修整加固等技术手段相对落后的原因，壁画裂隙、起甲、酥碱、粉化、颜色脱落、环氧树脂渗透等病害情况比较严重。

2000年5月，大召经堂壁画的保护修复工作正式开始，专家小组对壁画现状进行了详细的考察和周密的分析，制定出了修复保护方案。国家文物局也将此

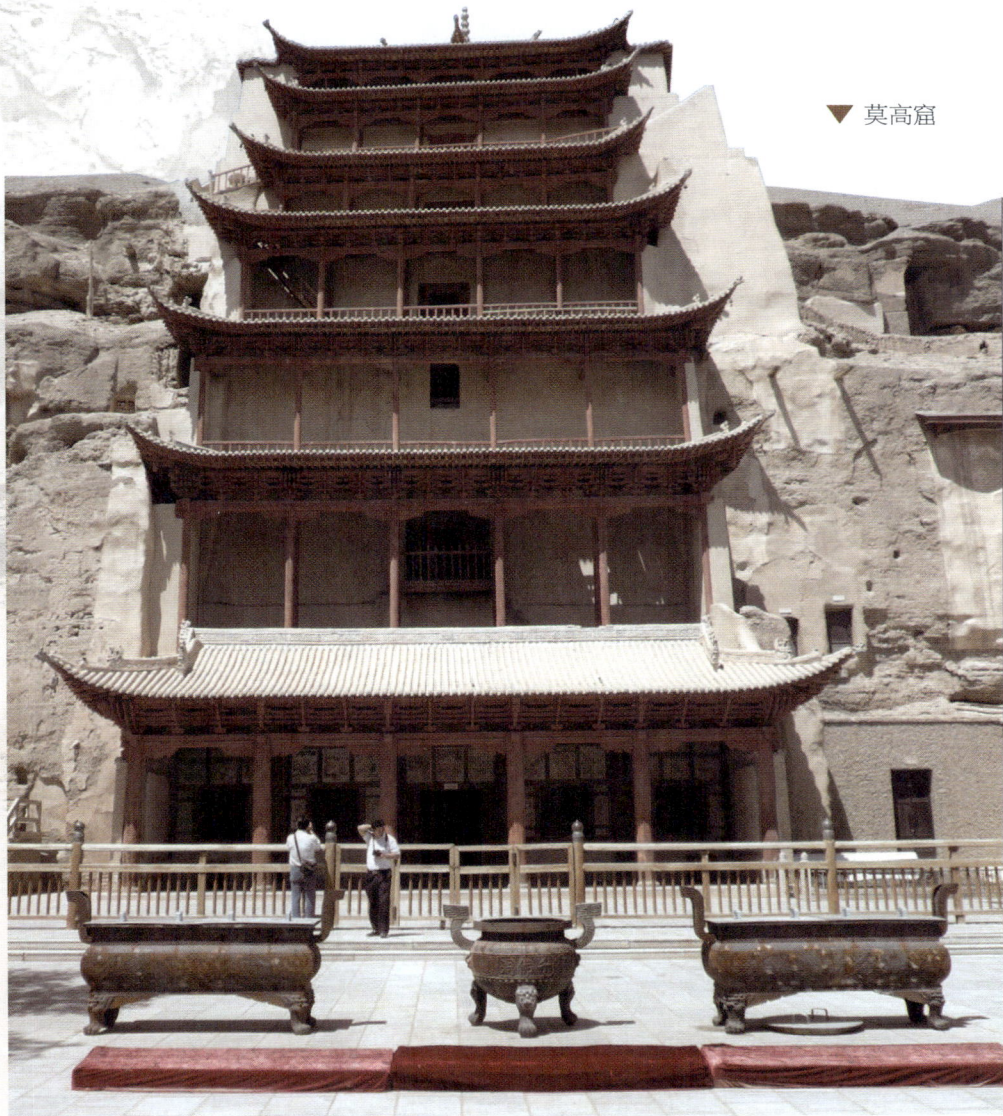

项工作列入立项拨款计划中。

　　在前期工作中, 专家们运用红外线观测技术对壁画进行了非破损性的分析测定。在对壁画材质(包括地藏层、表面颜料等)测定分析的过程中, 从

▼ 莫高窟

西藏大昭寺壁画保存了文成公主进藏宣传盛唐文化的业绩，也保存了唐代的壁画艺术，不仅是艺术的珍品，也是汉藏文化交流的实物纪念。大昭寺建于公元7世纪，至今已有1300多年的历史，历经兴衰重修，原来的壁画经过多次修缮着色，有些仍保留着原来的风韵，二楼各供奉堂的壁画有的保留了原有的残痕，一楼的壁画虽经反复修改涂抹，但仍不失原有的风韵。

一块长10厘米、宽7厘米的壁画残片中，发现了画工在绘制壁画时注明颜色的文字。一处是在画面的红色部分发现了代表红色的"工"字；一处是在画面的青色部分发现了代表青色的"七"字。这是研究古代壁画绘制技术中的一个最新发现。

古代壁画的绘制过程，《历代名画记》中曾有记述。刘凌沧先生将其概括为："一朽(用木炭条起稿)，二落(即用墨勾线)，三成(即着色)。"老师傅在用木炭条起墨稿的时候，同时将所着颜色用代字注明，小画匠或徒弟再依照所注颜色着色。在以往对敦煌壁画、古代寺庙壁画、唐墓室壁画的研究中，专家、学者也曾提出这种观点，但是否符合历史实情，因一直没有实质性的发现而难以确定。

此次在壁画实物上发现了画工绘制壁画时留下的用来注明颜色的代字，不仅证实了这种方法的确存在，而且也为广泛应用红外线分析测定的技术对其他古代壁画材质的分析测定提供了一种很好的方法。

呼和浩特博物馆对揭取壁画的修复保护工作，在壁画修复工作中意义重大。应用先进的红外线分析技术检测这种揭取壁画，也十分先进，依靠这种"火眼金睛"的现代科技手段，人们对古代壁画绘制技术有了新的了解和发现。

▲ 莫高窟壁画

充满魔力的冰人奥兹

当下很火的漫画《海贼王》中的冰人奥兹，被称为"魔人"，500年前大闹海上的巨人。他当年把讨伐到的国家整个带回自己领土，建立起恶人们的国家，留下了著名的"举国传说"，后来因为没有穿衣服在冰天雪地中死去。后来他被赫古巴库医生做成了僵尸，被莫利亚塞入路飞的影子，成为"第二个"路飞，后被草帽团合作打败。然而现实中却真有"冰人奥兹"。

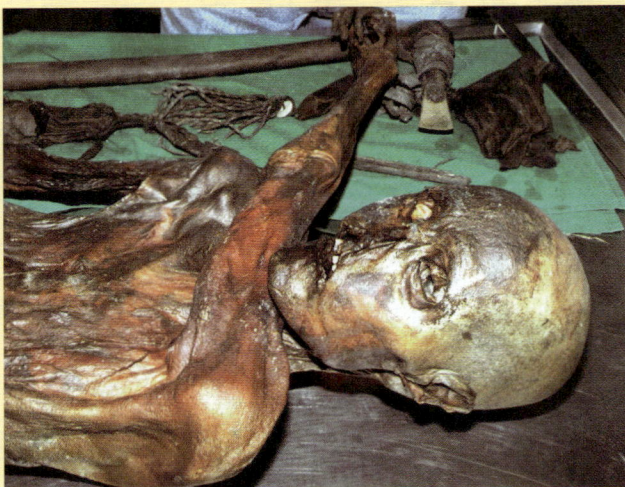

冰人奥兹

1991年，一群德国游客在意大利和奥地利边界的阿尔卑斯山的冰川上发现了一具有5300年历史的男性遗体。发现地点在奥兹山谷，因此人们将其称为"冰人奥兹"。

当时，奥兹躺在非常恶劣的环境里，服装仍较完整，游客们以为他刚刚死去并且被冻在冰层里，没有想到要去咨询考古学专家的意见。后来的研究结果却令人大吃一惊，原来奥兹属于青铜时代(公元前3500年至公元前1000年)。奥兹死的时候，欧洲人正在尝试车轮的发明，埃及的金字塔还未建好。

冰人奥兹被发现时，已被阿尔卑斯山上的冰雪制成了木乃伊。他的皮肤上的汗孔仍清晰可见，甚至连眼球都保存完好。他身上穿着由羊皮、鹿皮和树皮及草制成的三层服装，戴着帽子和护腿，身旁还放置了一把铜制的斧头和一个装有14只箭的箭袋。

科学家用X射线分析后，得出奥兹的骨关节炎曾对针灸有过反应。但问题是，针灸起源于2000～3000年前的中国，冰人的发现，说明针灸或类似针灸的治疗法早于5300年前就在远离中国的地方出现了。

▲ 冰人奥兹刚被发现时的情景

81

考古探奇——

高科技与考古

目前"冰人奥兹"被保存在意大利博尔扎诺的一个博物馆里，近日，博尔扎诺冰人研究所的科学家从他的盆骨中提取出DNA并绘制出完整的基因图谱。科学家希望在2011年时值发现"冰人奥兹"20周年之际，能够根据基因图谱找到他的后代，专家称这将是一个大工程。

奥兹大约45岁，身高159厘米。令科学家吃惊的是，他的身上有47处文身，其背部和腿部的文身甚至接近于或者就在缓解背疼或腿疼的针灸位置上。

应用X射线对奥兹的头发分析显示，他参加过冶炼铜的工作，而奥兹身旁的铜斧最令科学家迷惑不解。科学家们一直以为人类在4000年前才掌握这样的熔炉及成型技术。对铜斧表面的分析得知，其中含有99%的铜、0.22%的砷、0.09%的银，含银和砷说明此种铜来自当地的铜矿。这个冰人和他的铜斧，令考古学家不得不重新考虑青铜时代的界定问题。

关于奥兹的死因，意大利考古博物馆的研究人员认为，他是在雪地里睡着了被冻死或死于雪崩。而在对冰人经过一种被称作层面X线照相术的技术测试后，科学家发现冰人的左肩下有一枚箭头，在骨骼上还发现箭头射入他身体后留下的痕迹。这枚箭头不到1英寸（2.54厘米），穿过他的背部，切断臂上的神经和血管，停在肩膀和肋骨之间。由于箭没射到任何重要器官，医学工作者认为，奥兹生前流了很多血，最后在痛苦中死去。

这位来自5300年前的冰人奥兹，现被保存在意大利一座小城的木乃伊博物馆里，成为考古学家争相研究和探讨的一个焦点课题。

▲ 被科学家还原的"奥兹"

遗址保护，你该怎么做

莫高窟藏经洞

对于文物来说，复苏或沉睡都是为了进行更完善的保护。因此，对于每一次的考古发现，我们都应当尽力保护，并在一定的保护能力之后进行挖掘。而至于是否要进行抢救性挖掘，则必须有科学的挖掘方案和保护措施之后再进行。

北京人遗址

1918年瑞典人安特生首先发现周口店龙骨山出产动物骨骼化石。1927年步达生将周口店发现的三枚人的牙齿正式命名为"中国猿人北京种"，这一年是周口店遗址正式发掘的开始。1929年裴文中发现了"北京人"第一个头盖骨。他率领中国地质调查所新生代研究室发现了大批石制品和人类用火痕迹，使"北京人"的文化遗存得到确认。

保护周口店遗址的措施是，缓解周边环境的恶化，北京市房山区目前正在实施三区、一河、一带、一个产业的综合整治方案。"三区"即分步对遗址核心区、遗址保护区和周边环境进行整治；"一河"就是治理总长度2340米的周口店河；"一带"指对京周公路良乡至周口店段进行整治；"一个产业"则彻底解决北京人遗址周边环境污染的问题。此外国家还制定了《周口店北京人遗址保护规划》，起到了依法保护的作用。

关于雅典新卫城博物馆的建造，他们的方案是：将考古遗址与博物馆融为一体——博物馆底部由100多根混凝土柱子支撑，整个馆体好像悬于考古遗址之上，馆体保护着遗址，而遗址也成了展览的主要组成部分。设计上，入口处以及馆内地板大量采用钢化玻璃，这样观众只要低头便可看到遗址的全貌。

敦煌藏经洞

1900年，敦煌莫高窟下寺道士王圆箓在清理积沙时，无意中发现了藏经洞，并挖出了公元4~11世纪的佛教经卷、社会文书、刺绣、绢画、法器等文物五万余件。这一发现为研究中国及中亚古代历史、地理、宗教、经济、政治、民族、语言、文学、艺术、科技提供了数量极其巨大、内容极为丰富的珍贵资料。

百年前，由于社会动荡，敦煌文物大量流失。而今天的问题可能在于另一个方面，即社会经济的快速发展与对历史文化遗产保护之间的矛盾。大到敦煌这样珍稀遗产，小到一个城市的文化风貌，如果不以人类精神财富的高度看待保护与发展的关系，我们有可能失去第二个、第三个敦煌。保护文物，维护文化遗产的尊严不仅仅是国家、政府单方面的事，而是人人有责。

近年来，在世界遗产保护领域出现的最重要的新动向之一就是所谓"文化线路"。2003年以来，这一动向极为引人注目：世界遗产委员会在2003年3月17日至22日召开的会议上，委派ICOMOS对《保护世界文化与自然遗产公约》的实施文件《行动指南》的新一轮修

仰韶遗址

仰韶遗址属于新石器时代中晚期文化遗址，新石器时代遗址，位于中国中部河南省的渑池县。总面积近30万平方米。这一类遗址首先发现于渑池县仰韶村，故命名为"仰韶文化"。后来考古学家在东起豫东平原，西至青海甘肃，南达汉水流域，北至内蒙古草原的广大地区，共发现这种类型的文化遗址1000余处。遗址中出土了大量石器、骨器、陶器、蚌器等遗物。仰韶文化地域分布广，延续时间长，按照各地之间的差异又可分为半坡类型、庙底沟类

▲ 仰韶村遗址

型、后岗类型、大司空类型、西王村类型、大河村类型和马家窑类型。

　　为了有效地保护仰韶遗址，有关部门专门建造了遗址保护房和遗址村，并通过旅游景点的方式，以旅游收入所获得的资金对其进行保护。在没有足够的资金的支持下，这也不失为一种好的保护方法。像大多数的古遗址一样，最大的保护难题就是时间和自然的破坏，因此遗址保护房的措施是积极可行的，它也是仰韶遗址保护的一个重要方法。

订作出计划，其目的就是加入有关文化线路的内容；目前已有多条文化线路的重要部分被列入世界遗产名单。这些事件表明，文化线路已经成为近年来世界遗产保护界的热点之一。

KAOGU TANQI—GAOKEJI YU KAOGU

▼ 雅典新卫城博物馆

遗址古稻引发的困惑

通常认为，我国很早就出现了原始的农耕，是世界上最早种植水稻的国家。考古发掘证实距今约7000年的河姆渡原始居民，已使用磨制石器，用耒耜耕地，种植水稻。然而，随着一些遗址古稻的新发掘，有人重新开始探讨——我国真的是最早种植水稻的国家吗？最早种植水稻是在长江中下游吗？河姆渡遗址是世界上最古老的稻谷遗址吗？

最早的水稻出现在什么地方

稻谷根据其生长所需要水的条件，分为水稻和旱稻。我们更多关注水稻，而忽视旱稻。旱稻又称陆稻，它的主要品种是籼、粳两个亚种。旱稻具有很强的抗旱性，能在贫瘠的干旱的土地上结出穗来。目前，旱稻已成为人工杂交稻米的重要研究方向。

20世纪90年代，在我国湖南道县玉蟾岩遗址和韩国忠清北道清原郡遗址，先后出土了距今13000年的古稻。它们的出土让原来就受到质疑的原始稻作起源于长江中下游一说又面临新的"麻烦"。

道县玉蟾岩遗址位于道县寿雁镇白石寨村，距今12320±120至14810±230年。经过考古专家利用现代科技手段鉴定后的古稻，被认为是一种兼有野、籼及粳综合特征，从普通野稻向初期栽培稻演化，是最原始的栽培古稻类型，并定名为"玉蟾岩古栽培稻"。

无独有偶。在韩国清原郡遗址泥炭层中发现了更古老的原始稻谷，经碳-14技术测定，1994年发现的上层的两颗稻谷距今分别为13010±190年和14820±250年,外形像今天的粳稻;1998年发现的下层的一颗稻谷,距今17310±310年,外形比上层的两颗稍长,中间有一条下陷的沟槽,定名为"拟稻谷"。

韩国学者们立即主张清原郡遗址是迄今为止世界最古老的稻谷遗址,对于了解稻种起源和演化具有重要意义,也为研究稻种进化提供了极好的信息。

不过研究表明,在原始栽培稻时期,已有一定的生产工具和炊事陶器,更为重要的是,也有了相应的文化。长江中下游的多处稻作遗址都具备这样的条件,而清原郡遗址则是孤立的稻谷出土,工具只有刮削器、尖头器等,缺乏相应的栽培条件及文化内涵。这些都说明清原郡遗址的古稻谷还处于自然选择演化阶段,还未到达人工选择栽培阶段,这和道县的情况是有区别

KAOGU TANQI——GAOKEJI YU KAOGU

▼ 玉蟾岩遗址出土的陶釜是中国已知最早的陶器之一,用于炊煮食物

考古探奇——高科技与考古

1998年，中美考古学家在江西仙人洞和吊桶环遗址的距今12000~14000年的地层中，找到了栽培稻的植物硅酸体。在稻子的稻叶上面便有特殊形态的不会腐烂的植物硅酸体，在土壤里面，一定要在高倍显微镜下才能分辨得出来。

的。韩国清原郡遗址古稻虽然不是栽培稻，但它们的形态却很像栽培的粳稻，这一点令人费解。

另外，清原郡遗址古稻对于普通野稻的传统分布地带概念，也提出了出人意料的质疑。已有的研究表明，普通野稻分布于广大的亚洲南部，中国境内最北分布在江西东乡(北纬28°)，即使新石器时期的野生稻的北界，迄今为止也没有越过北纬31°。黄河流域华北地区从新石器时期就没有野生稻分布，因此，朝鲜半岛和日本的稻作是从中国引进的，这些是大家都认同的。

可是清原郡遗址处于北纬37°，与黄河流域的山东莱阳、济南同纬度，这就给万年前普通野稻分布的北界概念提出新的挑战。这个问题和稻作起源问题，都有待于进一步的研究。

◀ 米饭也是韩国餐饮的日常主食

第三篇
考古探秘，走进历史深处

美洲大陆的发现源于"美丽的错误"

哥伦布踏上美洲大陆

"哥伦布没有沿着既定的航道航行，所以发现了美洲新大陆。"我们经常用这句话激励自己要勇于探索和创新。殊不知，哥伦布当年发现美洲是因为犯了"伟大的错误"而"歪打正着"。

马可·波罗，13世纪来自意大利的世界著名的旅行家和商人。17岁时跟随父亲和叔叔，途经中东，历时4年多到达蒙古帝国。他在中国游历了17年，曾访问当时中国的许多古城，到过西南部的云南和东南地区。回到威尼斯之后，写下著名的《马

15世纪后半叶之前，欧洲大陆被隔断在其他的世界之外，横亘于东西方之间的阿拉伯世界，使欧洲与其他地区的交往变得非常少。但是当时早期资本主义的欧洲急需向外扩张，因此，像葡萄牙、西班牙等有能力突破这种阻断的国家，都在寻找一条新的通往东方印度、中国的航线。

在欧洲人眼中，经过马可·波罗的着意渲染的东方是遍地黄金、珠宝和香料的世界。哥伦布也不例外，他垂涎于功名利禄。

一个偶然的机会，哥伦布从毕达哥拉斯的一本著作中了解到地球是圆的，对此，他深信不疑。经过长时间的思索，他大胆提出，只要向西航行，就可以经过极短的路程到达印度。当时的一位地理学家在给哥伦布的回信中说："从里斯本以直线向西航行，离中国的杭州只有5000海里(1海里=1.85千米)，而距离日本岛则仅有2000海里左右。"回信中还附了一张

可·波罗游记》，记述了他在东方最富有的国家——中国的见闻，激起了欧洲人对东方的热烈向往，对以后新航路的开辟产生了巨大的影响。

▼ 马可·波罗对新航路的开辟产生了巨大的影响

亚美利加·维斯普西是意大利商人、航海家、探险家和旅行家，美洲是以他的名字命名的。他经过对南美洲东海岸的考察提出那是一块新大陆，而当时所有的人包括哥伦布在内都认为这块大陆是亚洲东部。地理学家们决定用他的名字来命名这块新大陆，即叫做"亚美利加"，意思是"亚美利加·维斯普西发现的土地"。开始，人们用亚美利加称呼新大陆的东南岸地区，后来泛指整个美洲大陆。

海图。这使哥伦布更坚定了自己西行到达日本，进而到中国的信念。

其实，现在我们已经知道，里斯本与日本岛的直线距离达10600海里之遥，而哥伦布推算出的2000海里的距离被后人视为一个"伟大的错误"。

1492年8月3日，哥伦布率领3艘轻快帆船、88名水手开始了划时代的航行。他以高超的航海技术指挥着船队前进。当时哥伦布只有一些最基本的航海仪器：一个罗盘、各种海图、一副两脚规、一把直尺和一个计时的沙漏。

经过37天的海上航行，10月12日哥伦布船队到达了一个海岛，后被哥伦布命名为圣萨瓦尔多岛，就是今天的巴哈马群岛中的华特林岛。之后的时间，哥伦布船队在今巴哈马群岛、古巴岛、海地岛附近游弋。直到1493年的1月4日，哥伦布看到这里的人们赤身裸体，皮肤棕红，不像是具有高度文明的中国人，他联想到马可·波罗所描述的，印度附近有许多岛屿，就认为这里一定是印度了。于是，他就将美洲本地的人称之为"印度人"，即印第安人。

后来，哥伦布又先后3次率队横渡大西洋，但他至死不知他到达的地方不是亚洲。直到后来另一位探险家、意大利人亚美利加·维斯普西证实了哥伦布所到过的地方不是印度，而是一块新大陆，即"美洲大陆"。

▲ 亚美利加·维斯普西的雕像

神秘地区——亚特兰蒂斯

公元前350年，柏拉图就在他著名的言论集中写道：远古时代，海峡彼岸有岛，人称其为"大力神天柱"。岛的面积比亚细亚和利比亚还要大……岛名亚特兰蒂斯，岛上有一个伟大而美好的国家。

柏拉图

有的研究者认为亚特兰蒂斯的消失跟小行星撞击有关。1930年，在对北美大西洋沿岸进行的一次航空测量中，发现在南卡罗来那州查理斯顿市的附近海岸，有很多凹痕，地面布满了大约3000个圆形的洞口。在海底发现两个深达9144米的凹陷地带。这极有可能是小行星撞击留下的，小行星给地球带来了地震、全球气候变化、洪水，以及亚特兰蒂斯的沉没。

在西方世界的种种谜团中，最能拨弄人们玄思遐想的莫过于亚特兰蒂斯了。这块在遥远的过去突然失踪了的陆地，随同它光辉灿烂的文明，究竟到哪里去了？千百年来人们一直怀着浓厚的兴趣，孜孜以求，寻找着它的踪迹。

在柏拉图的著作的描述中，亚特兰蒂斯人是当时那个半球闻名世界的主宰，公元前28000年左右，是亚特兰蒂斯发展的黄金时期，统治着东起埃及、西至意大利的地中海帝国。后来亚特兰蒂斯遭遇飞来横祸，经过一个可怕的白天和黑夜翻天覆地的变化，终于被大海吞没了。

真的像柏拉图所说的那样，是大海吞没了亚特兰蒂斯吗？这些问题目前还没有明确的答案，但一些令人费解的自然现象，却值得人们思考。

欧洲鳗鱼有着奇怪的洄游习惯，有人推测可能当时亚特兰蒂斯岛距离马尾藻海比较近，岛上的淡水河流为这些鳗鱼提供了免遭袭击的安全地带。于是它们

◀ 有研究者认为亚特兰蒂斯的消失跟小行星撞击有关

早在公元前28000年的时候，人类还处于从猿到人的过渡阶段，因此，有学者认为亚特兰蒂斯大陆上的文明，不可能是地球人类所创造，只能是外星人建立的。他们认为大约在5万年前有一批外星人来到地球，选择了亚特兰蒂斯大陆作为生活的地方，创建了亚特兰蒂斯文明，他们不仅在陆地上活动，甚至经常出没于大海，在海底创造了更先进的文明。

纷纷来到这里，天长日久，养成一种天性。后来亚特兰蒂斯岛沉没了，但是鳗鱼在天性的驱使下，一如既往地顺着墨西哥暖流，千里迢迢寻找避难的港湾，竟不知游到了遥远的欧洲。

另一个让人深思的是远隔重洋的埃及金字塔和中南美洲的金字塔在结构上极其相似。人们猜测可能是地处欧美大陆之间的亚特兰蒂斯岛在当时起着交流两个大洲文化的作用。

然而，对于亚特兰蒂斯岛的地理位置，人们争论不休。有的说它在瑞典，有的说它在地中海的克里特岛，有的说它在南非，有的说它在拉丁美洲的巴哈巴群岛，还有的人甚至说它在亚洲的斯里兰卡。

关于亚特兰蒂斯的文明，人们多是从柏拉图的《对话录》中了解的。柏拉图说道：亚特兰蒂斯的建筑成同心圆状，互相用舰只分隔开。随着越来越深入，身份限制也越严格。在圆环内圈是最重要的庙宇和保

留地。城市的建筑让人感受到了音乐的韵味。镀金的圆屋顶，由于风力和温度的不同，会发出和谐的声音。能源系统的中心是磁欧石。它是六面体（横断面是六角形）的巨大圆柱体状的玻璃样物质，它能吸收阳光，将其转变为能源。

科幻作家们猜测说，亚特兰蒂斯的消失跟磁欧石的爆炸有关。拥有巨大能量的磁欧石爆炸，动摇了整个岛的根基，巨大的大陆沉没了。

对亚特兰蒂斯的研究现在只能通过文献以及零星的证据进行推测，一切仍旧是未解之谜，吸引着好奇的人们寻找那个失落的理想天国。

▲ 在科幻剧《亚特兰蒂斯》中，亚特兰蒂斯是一座可以飞行的星际城市

发现科斯克海底洞穴

小学时候，我们在美术课上挥舞着画笔，描绘着眼中的五彩缤纷的世界。花鸟虫鱼，我们创作的对象，也成了我们早期的绘画作品。那时，直观感受是我们绘画的动机。而在人类早期的发展进程中，直观感受一度也成了人们创作的力量源泉，科斯克海底洞穴的壁画也不例外。

海底洞穴探险是一项极具挑战力的冒险活动

1991年9月15日，考古学家采用现代分析仪器对洞穴进行了研究，初步认为洞内的壁画可能是史前艺术家用黑色木炭和红土完成的。石壁上的手印可能是史前艺术家在动物脂肪里混入有色矿石粉末制成油彩，然后将手贴于石壁上，用空心兽骨将油彩吹喷到石壁上，制成了这一杰作。

海底洞穴探险是一项极具挑战力的冒险活动，在探险的过程中随时面临着"有去无回"的危险。但是神秘的海底和神奇的海底洞穴令无数的探险家心驰神往。他们面对的是陌生的、地势复杂的、黑暗的和阴森恐怖的海底世界，而且随时都可能遇到意想不到的险情。

除人力外，现代化的海底探洞还需要配备各种探险工具，如高效氧气瓶、照明设备、短刀、水中猎枪、水中推进器、浮力装置等。最要紧的是，进洞时必须使用导向绳，出洞时再拉着绳子顺原路返回。

1985年，法国业余的潜水员、海底洞穴探险家

科斯克在地中海一个景色优美的小海湾苏尔密乌的石灰岩悬崖下发现了一个神秘的水下洞穴。这个洞穴的结构非常独特，进入海面下36米处的洞口，而后沿着一条长200米，宽3~5米的坑道缓慢向上爬行便可以离开水面。

最初，科斯克潜游进去只是想探索一下坑道究竟有多长，他根本没料到坑道的终端会冒出水面，并连着一个直径50米、高3米的遍布石笋和石钟乳的大洞。眼前的景象让科斯克大吃一惊，洞壁上竟绘有岩画。他凭借手电筒的光线，匆忙拍摄下岩壁上的一只红底白手。

探洞归来，通过幻灯片，科斯克和其潜水伙伴看到的壁画上不是一只手，而是三只手。于是疑问产生了，这几只手是谁画的？洞内是否还有其他绘画？科斯克等人决定携带聚光灯和摄像机，集体进洞探险。

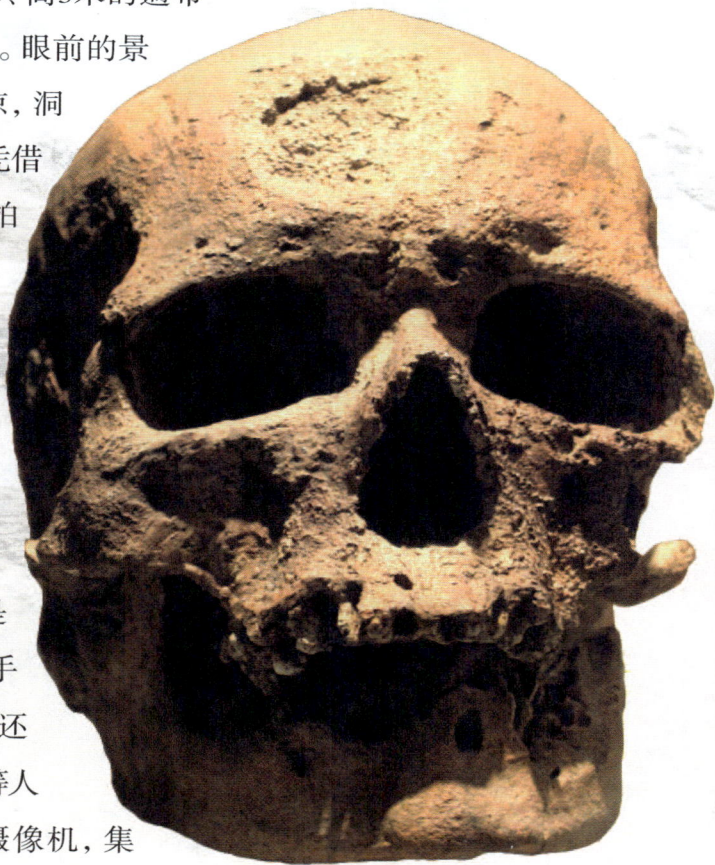

▲ 克罗马农人头骨

考古探奇——
高科技与考古

欧罗巴人种，又名白色人种或高加索人种；它起源于欧、亚、非相连接地区，包括北欧的波罗的海人种、东北欧的北海－波罗的海人种、南欧的印度－地中海人种、西亚的巴尔干－高加索人种、中欧人种；该人种现分布于全部欧洲和亚洲的西伯利亚、西南亚、北非、印度、澳大利亚、南北美洲。

在科斯克的带领下，他们一行7人很快就钻入坑道，站立在洞穴中央露出水面的岩石滩上。 这次探洞结果令人震惊，这个洞穴里遍布着摄人心魄的史前岩画，有羚羊、野牛、鹿、海豹等，多数是由黑色的和红色的线条构成，形态栩栩如生。

这些岩画是不是现代人伪造的史前作品呢？他们不是考古学家，难以做出正确判断。后来，在法国国家海底考古调查处的帮助下，才使人们打消了疑虑。

法国考古学家跟着科斯克潜入洞内，很快就认定这10多幅岩画和大量雕刻，正是"克罗马农人"留下的艺术作品。克罗马农人是距今3万年前欧洲旧石器时代的古人类，为欧罗巴人种的古代代表者，1868年首次发现于法国南部。

为了感谢发现者科斯克，法国文化部将这个洞穴命名为"科斯克海底洞穴"，并宣布为国家保护文物。那么，史前人类是怎样潜入海底洞穴作画的呢？原来在1万年前，海平面要比今天低100~120米，当时这个洞口还在海面以上几十米处，克罗马农人完全可能从悬崖攀登而进入洞穴，进行古老的艺术创作。

这个海底岩洞的岩画是人类最古老的美术作品中的一部分，对研究人类发展具有重要价值。

▲ 克罗马农人所绘的岩画

埃及金字塔，永恒的谜团

提到埃及金字塔，恐怕很少有人没有听说过。当时人们为什么要建造如此巨大的建筑？人们是用什么办法建造的？金字塔里的木乃伊为什么几千年都不腐烂？以及关于金字塔的种种传闻。使金字塔蒙上了一层层神秘的面纱，吸引着好奇的人们。

金字塔是古埃及文明的代表杰作

雄伟的狮身人面像横卧在埃及基沙台地上，守卫着卡拉夫王金字塔已达 5000 年之久。据说当时本来没有想到要雕凿狮身，金字塔竣工时，附近采石场里的石块都被挖去建造金字塔了，只剩下一块巨大的圆顶石灰石，挡住卡夫拉王金字塔。有一位不知名的雕刻家力排众议，

金字塔是古埃及文明的代表杰作，是埃及国家的象征，埃及人民的骄傲。金字塔的阿拉伯文意思是"方锥体"，它是一种方底尖顶的石砌建筑物，是古代埃及埋葬国王和王后的陵墓。由于它规模宏大，从四面观看都呈等腰三角形，颇似汉字中的"金"字。因此中国人称它为"金字塔"。

在埃及首都开罗郊外的吉萨，有一座举世闻名的胡夫金字塔。作为人造建筑的世界奇迹，胡夫金字塔首先是世界上最大的金字塔，刚开始建成时的胡夫金字塔高度为146.59米，底边长度为230米，是由

250多万块、每块重约2.5~50吨的巨石垒砌而成的。

　　埃及有句古话：人类害怕时间，时间害怕金字塔。胡夫金字塔建成于4700年前，岁月流逝，雨雪风沙，胡夫金字塔顶住了一切沧桑，现存高度为138米，而底边的长度则是220米。它仍然不失为世界金字塔之最，高高矗立在蓝天白云与满目黄沙之间，蔚为壮观。

把巨石雕刻成狮身人面像，用以纪念卡夫拉王。

◀ 埃及金字塔是由巨石垒砌而成

在古埃及，流传着一个动人的传说。很久以前，地神塞布的儿子奥西里斯曾为埃及国王。他教会了人们种地、做面包、酿酒、开矿，给人们带来幸福。人们崇拜他，把他视作尼罗河神。他有一个弟弟叫塞特，存心不善，谋杀了哥哥，夺取王位。奥西里斯有一个遗腹子，长大成人后，打败了塞特，替父亲报了仇，并继承王位。他把父亲尸体的碎块从各地挖出来，拼凑在一起，做成"木乃伊"。在神的帮助下，他的父亲复活了。

▶ 狮身人面像与它背后的金字塔

金字塔的建造方法没有任何文献记载。后人有几种推想。一种是用一个巨大的杠杆，一端用绳子绑住石块，另一端通过人力将石块吊往上方，然后将石块逐步往上堆砌。另一种推测是，用土堆成斜坡，利用木质滚轴将石块拉上去，土堆环绕金字塔螺旋上升。也有人认为，第二种方法中土堆的清除是一个很大的问题，因而推测开始用土堆，然后用杠杆。

但是，也有另外的说法，2006年时，费城德莱瑟大学材料工

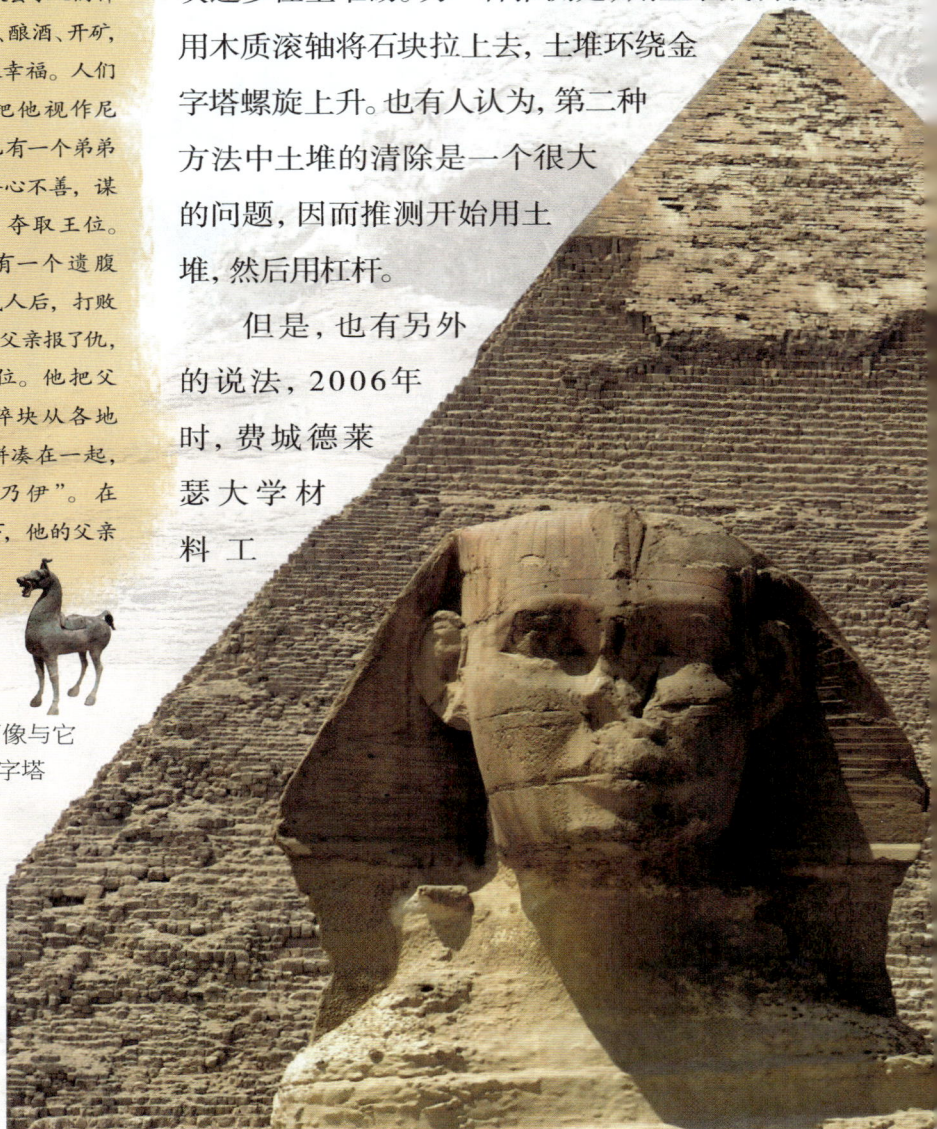

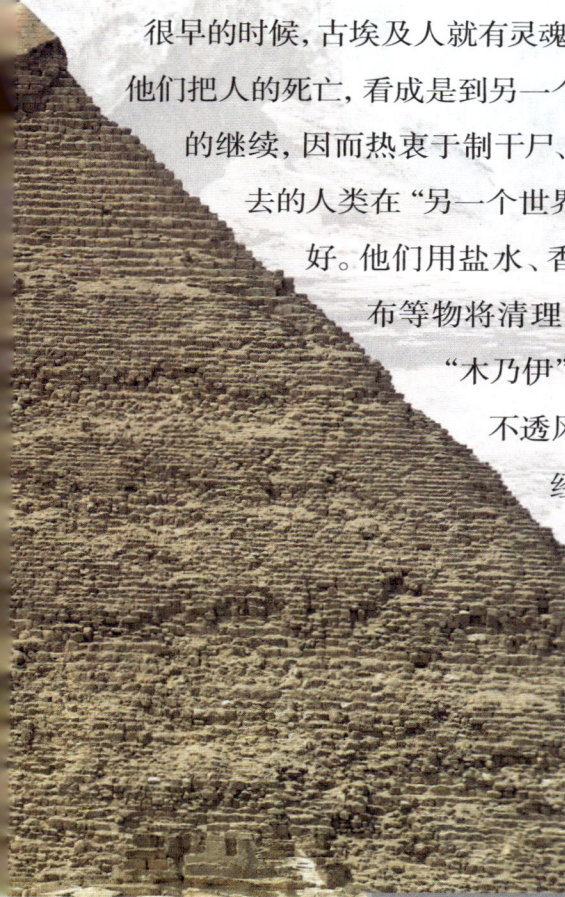

程学教授巴尔·索姆就推测，"古埃及人在建造金字塔的上层时，是把混凝土灌入高处的模子内，而不是把巨石拖运到高处。"当然这种说法也遭到许多人的质疑，他们质疑巴尔·索姆的采样可能是近代修补金字塔时所用到的水泥。而法国建筑师让·皮耶·胡丹于2007年提出"由内往外盖"论点，认为是在大金字塔外墙砌一道外置斜坡，接着再建构一条内部螺旋隧道。

很早的时候，古埃及人就有灵魂不死的观念。他们把人的死亡，看成是到另一个世界"生活"的继续，因而热衷于制干尸、修坟墓，让死去的人类在"另一个世界"里生活得更好。他们用盐水、香料、膏油、麻布等物将清理好的尸体制成"木乃伊"，再放置到密不透风的墓中，就可经久不坏。他们相信，深藏墓中不会腐烂的尸体，会在灵魂归来时复活。

木乃伊为何拥有"不死之身"

人类对于木乃伊的神秘感，从中世纪到现在一直没有改变过，文艺复兴时代，人们将出土的木乃伊磨成药粉，并相信它对健康有神奇的助益。

古埃及木乃伊

到了今天，人们把对木乃伊的想象用在各种艺术创作中，电影、小说中的木乃伊情节屡见不鲜。木乃伊的故事，还将源远流长。

目前可考证的最早的木乃伊大约形成于公元前 3200 年。据推测，那时由于耕地十分匮乏，所以死去的人都被埋葬在尼罗河谷两边沙漠里的一个简单的墓穴中。这一简单的墓穴也只不过是沙漠中椭圆形的浅坑。人们把尸体头向南、脚朝北地放入坑中，然后再用沙土覆

古埃及人相信人的生命在死后还会继续，认为完整的尸体是灵魂在来世栖息的必要场所。因此，他们对死后保存尸体和对生前保持良好健康同等关切。制作木乃伊是古埃及特有的传统，也是古埃及文明留给后世的一份特殊的遗产。我们现在就从木乃伊的制作过程来探寻它的"不死之迷"。

首先，用融化的松脂涂在面部，这么做是为了保护面部形象，防止它干燥得太快。

其次，对脑浆进行处理。工匠将凿子从左边鼻

孔塞进去，将筛骨捣碎，再用工具在颅脑中转动破坏脑髓，用一根很细小的长柄勺从鼻孔伸进大脑将脑浆舀出来，最后把一些药物和香料塞进空空的头骨中。一般不保存脑浆。

第三，取出内脏。从肚皮左侧切口取出胃、肠、肝、肺，只有心脏被保留在体内，然后用棕油洗净胸腔、腹腔。以上器官有时被整齐地包在松脂团里放入木乃伊的腹中，有时分装在有盖子的小罐里，再将罐放

盖。因为尸体埋入沙中大约只有1米左右，过了一些时候沙层逐渐漂移，必然会使一些尸体暴露出来。这些尸体被滚烫的沙炙得干透，难以发生正常的腐烂，几千年以前尸体的皮肤、头发以及相貌得以保存如初。这种木乃伊叫"沙地木乃伊"。

▲ 古埃及木乃伊使用大量的亚麻绷带

考古探奇——高科技与考古

古埃及人相信，每一个人的灵魂都会有几种存在的方式，其中最主要的是"卡"和"巴"的形式。"卡"古埃及语意为"力量，财富，养料，繁盛，效力，永恒，创造性，神秘力量"。"巴"，古埃及语意为"在阴阳世界里自由飞翔的灵魂"，其形状通常被绘制成长着人头和人手的鸟。它身上带有一些咒语能使自己重返木乃伊。为了使一个人永生，就必须使"卡"和"巴"在坟墓里的木乃伊上重聚。而一旦二者得以重聚，死者也就可以永生。从现代科学来看，这些都是无稽之谈，但是古代埃及人却深信不疑。

入腹中。

第四，脱水。这一道干燥程序在木乃伊的整个制作过程中十分重要。工匠们先把用布包的泡碱和其他临时填充物填入尸体，然后把它置于干燥的泡碱粉里约40天，等水分被吸干之后，再取出里面的填充物，改为填充碾碎的没药、桂皮、泡碱、锯末等填充的布包，最后细心地缝上切口，贴上一块画有荷拉斯眼睛的皮，因为古埃及人认为这种皮有强大的愈合力和保护力。

第五，化妆整形，为使木乃伊的皮肤保持柔软，工匠就涂上牛奶、葡萄酒、香料、蜂蜡、松脂和柏油混合物，给皮肤美容。木乃伊的眼睛则用亚麻和石头填上，非常生动形象。干尸上最后还要涂一层松脂防潮，化妆师还要在木乃伊的面颊上扑上一层胭脂红，给它戴上假发套，穿好衣服，配上最好的珠宝。

第六，包裹。埃及人认为包扎尸体是充满险恶的，于是就以祷告伴随整个包裹过程(一般为15天)。包扎尸体的手每动一下，都要由祭司念诵经文，进行祈祷，同时把护身条符放在亚麻绷带间。有时，仅包裹一个尸体，就要用1000多米的优质亚麻布。

此后，是让木乃伊迎接他的"卡"。时间一般为70天。之后，秘密地把木乃伊送还他的家人，等

待下葬。

如此精细严密并且繁琐考究的制作过程，使得木乃伊拥有了"不死之身"。它们穿越时空，成为现代考古学的一个重要领域。

▶ 木乃伊是现代考古学的一个重要领域

"空中花园"：一个美丽的谜

同样是为了取悦于美人，周幽王臭名昭著，而新巴比伦国王尼布甲尼撒二世却流芳千古。褒姒一笑，周朝灭亡；米梯斯一笑，人类建筑史上出现了巧夺天工之笔——"世界七大奇观"之一的"空中花园"。

古巴比伦遗址

世界七大奇迹是指古代世界上7处宏伟的人造景观，这些奇迹大多已经毁灭，后人又提出了世界新七大奇迹。在2001年，由"新七大奇迹"基金会发起新七大奇迹网上选举，最终中国的长城位列榜首。

千百年来，关于"空中花园"有一个美丽动人的传说。新巴比伦国王尼布甲尼撒二世娶了米底的公主米梯斯为王后。公主美丽动人，深得国王的宠爱。可是时间一长，王后愁容渐生。国王为此不无担忧。公主说："我的家乡山峦叠翠，花草丛生。而这里是一望无际的巴比伦平原，连个小山丘都找不到，我多么渴望能再见到我们家乡的山岭和盘山小道啊！"原来公主得了思乡病。于是，尼布甲尼撒二世令工匠按照米底山区的景色，在他的宫殿里，建造了层层叠叠的阶梯型花园，上面栽满了奇花异草，并在园中开辟了幽静的山间小道，小道旁是潺潺流水。工匠们还在花园中央修建了一座城楼，矗立在空中。园林景色巧夺天工，公主终于重现欢颜。

"空中花园"，是古代世界七大奇迹之一，又称悬园，当然从来都不是吊于空中，这个名字的由来纯粹是因为人们把原本除有"吊"之外，还有"突出"之意的希腊文"kremastos"及拉丁文"pensilis"错误翻译所致。公元前6世纪由新巴比伦王国的尼布甲尼撒二世修建的花园，现已不复存在。"空中花园"据说采用立体造园手法，将花园放在四层平台之上，由沥青及砖块建成，平台由25米高的柱子支撑，并且有灌溉系统，奴隶不停地推动连接着齿轮的把手。园中种植各种花

依据古巴比伦的一个受神指示的国王祖先建造了一般方舟，从而躲避洪水灾害的古老传说改编了一个这样的故事。一个叫诺亚的人按照上帝的命令造了一只方舟，全家人和一些动物因此躲过了水灾。当洪水退落的时候，诺亚放出一只鸽子。不久，鸽子衔着一片新拧下的橄榄叶子飞回来，使诺亚知道洪水已经退去，万物又恢复了生命。从而，今天西方把鸽子和橄榄枝作为和平的象征。

草树木，远看犹如花园悬在半空中。"空中花园"是一个谜，在巴比伦文献中，甚至没有一篇提及空中花园。

巴比伦"空中花园"最令人称奇的地方是那个供水系统，因为巴比伦雨水不多，而"空中花园"的遗址也远离幼发拉底河，所以人们认为"空中花园"应有不少输水设备，奴隶不停地推动着连接齿轮的把手把地下水运到最高一层的储水池，再经人工河流返回地面。另一个难题，是在保养方面，因为一般的建筑物要长年抵受河水的侵蚀而不坍塌是不可能的，而美索不达米亚平原没有太多石块，因此人们相信"空中花园"所用的砖块是与众不同的，它们被加入了芦苇、沥青及瓦，更有文献指石块被加入了一层铅，以防止河水渗入地基。

存在仅88年的新巴比伦王国犹如昙花一现。巴比伦的繁华，巴比伦的奇迹，巴比伦的"空中花园"，都消逝于历史的长河里。古巴比伦遗址从1899年开始逐渐被发掘出来，使人们能够更准确地研究它的过去和发掘"空中花园"之谜。

"空中花园"是上古时代巴比伦人

的卓越成就，带给巴比伦人民无比的骄傲，它的美好长存在人们的记忆之中。

▼ 反映诺亚方舟故事的油画

摩索拉斯陵墓究竟征服了谁

往往期盼永恒与不朽的东西，偏偏会早早烟消云散。曾经辉煌的摩索拉斯陵墓以及显赫一时的陵墓主人，虽然名垂青史，但也备受世人与历史的嘲弄，至今其中还包含着许多解不开的谜团。

摩索拉斯陵墓

1402年，汪达尔人圣·乔万尼率领的骑兵征服了哈利卡纳苏斯。1494年，为了加固要塞，统治者们毫不留情地把摩索拉斯陵墓当成了采石场，用于大规模建造他们的堡垒：圣·彼得堡。

一提到陵墓，恐怕绝大多数人都会有一种毛骨悚然的感觉。然而人们却禁不住要争先恐后地一睹土耳其的一座远古时代的坟墓。它就是被称为"世界七大奇观"之一的"摩索拉斯陵墓"。

"摩索拉斯陵墓"散发着一种神秘的气息，围绕它流传着许多似是而非的故事。陵墓的主人是古代小亚细亚加里亚国王摩索拉斯（？~公元前353年）。加里亚是当时阿那托利高原西南部的一个小国，受波斯帝国的统治。

公元前395年，摩索拉斯王下令动工兴建自己的陵墓，然而直到公元前353年国王驾崩时，陵墓尚未完工。王后阿尔特米西娅二世继承了摩索拉斯王的未尽事业。公元前351年陵墓竣工，摩索拉斯终于可以入土为安了。

这座陵墓刚一建成就声名远扬，让人惊叹不已。罗马时代的旅行者安提巴特将其与古埃及的胡夫金字塔相提并论，一起列入"世界七大奇观"。究竟它有什么值得称道之处呢？

这座陵墓是一座神庙风格的建筑物，造型并不完美，但规模十分宏大。整座建筑由三部分组成。底部是高大、近似于方形的台基，高达19米，上平面长39米，宽33米，内有停棺。台基之上竖立着一个由36根柱子构成的爱奥尼亚式的珍奇华丽的连拱廊，高11米。最上层是拱廊支撑着的金字塔形屋顶，由规则的24级台阶构成，有人推测这一数字象征着摩索拉斯的执政年限。陵墓的顶饰是高达4米的摩索拉斯

▲ 摩索拉斯陵墓遗址

考古探奇——高科技与考古

摩索拉斯陵墓闻名之处是它的雕刻——存放在大英博物馆的摩索拉斯王陵遗迹中,有世界上古老希腊像的雕刻,栩栩如生的真实人像,既高贵соб壮、又伟大;是一座座活生生的男女雕像,而不是天神站在闪闪发光的大理石柱上。

和王后阿尔特米西娅二世的乘车塑像,驷马战车疾驰如电掣,人物雕像惟妙惟肖,是典型的希腊作品,也是世界艺术史上著名的早期写实肖像雕刻作品之一。

除了恢宏的外表之外,陵墓内部非常精美的装饰、雕塑和众多的雕像,也为这座宏伟的建筑物增添了不少光彩。内室的三处浮雕装饰尤为引人注目:第一处表现的是马车,第二处是亚马孙族女战士和希腊人作战的情景,第三处是拉皮提人在和半人半马的怪物争斗。岁月风霜,如今游人只能欣赏到浮雕中亚马孙族女战士和希腊人作战场景的残片,但管中窥豹,仅此一点就足以令人想象得出这座宏大的纪念性

建筑昔日的非凡风貌。

　　摩索拉斯陵墓在公元15世纪前的一次大地震中受损。其后，人祸甚于天灾，陵墓最终彻底毁于人类之手。所幸有少量浮雕幸免于难，其中包括那件由大理石雕成的亚马孙族女战士的浮雕，现今仍保存在英国博物馆内供人们观瞻。

　　呼啸而过的历史之风会留住永恒吗？面对摩索拉斯陵墓的残砖碎瓦，不知人们会作何感想；面对褒贬不一的说辞，不知人们会如何评断；面对各种似是而非的断言，不知人们能否最终解开谜团。

KAOGU TANQI——GAOKEJI YU KAOGU

◀ 来自摩索拉斯陵墓的雕像

古楼兰消失之谜

　　黄沙淹没的文明，横空出世，考古家和探险家集聚于罗布泊。他们正在发掘过去的文明，也正在寻找黄沙淹没文明的缘由。而古楼兰一直像一朵沙漠中的奇葩，遥远而神秘。

楼兰遗迹

　　罗布泊曾经是我国西北干旱地区最大的湖泊，湖面达12000平方千米，上个世纪初仍达500平方千米，当年楼兰人在罗布泊边筑造了10多万平方米的楼兰古城，但至1972年，罗布泊却最终干涸。

　　1900年3月28日，瑞典探险家斯文·赫定正在罗布沙漠中考察，他雇佣的驴工兼向导，偶然在罗

布泊西北岸发现一片古代遗址。斯文·赫定听说后，马上随艾尔迪克来到了遗迹处，发现在这片古代遗迹地面上，散布着美丽的木雕、织物和钱币。

1901年，斯文·赫定首次对外宣布楼兰古城的存在。楼兰，西域古国名，楼兰名称最早见于《史记》，现只剩遗迹，地处新疆巴音郭楞蒙古自治州若羌县北境，罗布泊的西北角、孔雀河道南岸的7公里处。

楼兰是丝绸之路上的一个枢纽，中西方贸易的一个重要中心。司马迁在《史记》中曾记载："楼兰，姑师邑有城郭，临盐泽。"这是文献上第一次记载楼兰城。西汉时，楼兰的人口总共有1万4千多人，商旅云集，市场热闹，还有整齐的街道，雄壮的佛寺、宝塔。

东晋后，中原混战不休，无暇顾西域，楼兰逐

◀ 罗布泊曾经是我国西北干旱地区最大的湖泊

考古探奇——
高科技与考古

楼兰美女——在孔雀河下游的铁板河三角洲，曾发现了一片墓地，墓中出土有一具中年女性干尸，体肤指甲保存完好。她有一张瘦削的脸庞，尖尖的鼻子，深凹的眼眶、褐色的头发披肩。她身上裹一块羊皮，毛织的毯子，胸前毯边用削尖的树枝别住，下身裹一块羊皮，脚上穿一双翻皮毛制的鞋子，头上戴毡帽，帽上还插了两枝雁翎，被世人称为"楼兰美女"。

渐与中原失去联系。到了唐代，中原地区强盛，唐朝与吐蕃又在楼兰多次兵戎相见。"晓战随金鼓，宵眠抑玉鞍，原将腰下剑，直为较楼兰。"（李白），"黄沙百战穿金甲，不破楼兰终不还。"（王昌龄）。可见，楼兰在唐朝还是边疆重镇。然而，不知在什么年代，这个繁荣一时的城镇神秘地消失了。

如今，楼兰城从沙丘下被人发现了，但一个更大的谜困惑着探险家们——繁华多时的楼兰城为什么销声匿迹？

据《水经注》记载，东汉以后，由于当时塔里木河中游的注滨河改道，导致楼兰严重缺水。多方派人不分昼夜向注滨河引水进入楼兰，暂时缓解了缺水困境。然而人力不敌天灾，楼兰人为疏浚河道作出了最大的努力和尝试，最终还是因断水而放弃了城市。

有人说楼兰的消亡，是由于人类违背自然规律导致的。楼兰人盲目滥砍乱伐致使水土流失、风沙侵袭、河流改道、气候反常、瘟疫流行、水分减少、盐碱日积，最后造成王国的必然消亡。

无论怎么说，有一点是肯定的，给楼兰人最后一击的，是瘟疫。这是一种可怕的急性传染病，传说中的说法叫"热窝子病"，一病一村子，一死一家子。在巨大的

灾难面前,楼兰人选择了逃亡——就跟先前的迁徙一样,都是被迫的。楼兰国瓦解了,人们盲目地逆塔里木河而上,哪里有树有水,就往哪里去,哪里能活命,就往哪里去。楼兰人欲哭无泪,他们上路的时间,正赶上前所未有的大风沙,是一派埋天葬地的大阵势,天昏地暗,飞沙走石,声如厉鬼,一座城池在混浊模糊中轰然而散。

关于古楼兰的发掘在继续,关于楼兰古国消失之谜的猜测在继续,关于科学的论证在继续。终有一天,古楼兰的消失之谜终将大白于天下。

KAOGU TANQI──GAOKEJI YU KAOGU

▼ 罗布泊的卫星图

可可西里"死亡地带"

电影《可可西里》向我们展现了生命的脆弱与强大，那些生存在可可西里的动物经历了生存与毁灭，那些踏入到可可西里的人们见证着妥协与抗争。可可西里是一个冷酷的仙境，无论是无边的草原、镜子一般的湖泊，还是高耸的雪山、干枯的尸骨，都吸引着人们去探寻生命中的未知世界。

可可西里

可可西里自然保护区

青海可可西里国家级自然保护区位于玉树藏族自治州西北部，昆仑山南麓长江北源地区，与新疆维吾尔自治区、西藏自治区和海西蒙古族、藏族自治州及玉树州的曲麻莱县接壤。在保护区有50多种植物，哺乳动

在青藏高原的偏北部，有一块非常神秘的地区，素有"死亡地带"之称，它就是可可西里。可可西里是昆仑山系南翼的一大支脉，横贯青海西部、西藏东北部和新疆东南部，面积约25万平方千米。

可可西里是一个难得的仙境，但仙境无人烟，环境极为苛刻。

可可西里几乎遍地是含冰的土石层，地面潮湿松软，山谷低洼处积水成潭，形成大片无法行走的沼泽地。汽车只能想方设法绕开沼泽地，有时不得已在极陡的山腰上爬行，稍有闪失，连车带人就会葬身谷底。

这里的山都是千年不化的雪山，这里的河都是冰凌斑驳的激流。

高山缺氧如家常便饭，这里空气中的含氧量只相当于海平面的60%，缺氧会让人感到心跳过速，胸闷气急，只好张开嘴呼吸。更严重的则会食欲不振，头痛恶心，反应迟钝，面部浮肿，甚至出现血尿和蛋白尿，指甲盖变瘪，甚至脱发掉牙。"死亡地带"对生命充满了威胁。

物23种，鸟类48种，鱼类6种，都是珍惜类物种，还有一大批特殊作用的湖泊和丰富的矿产资源，无论是经济价值还是科研价值都是无可比拟的。

▼ 年幼的藏羚羊

"可可西里"

"可可西里"蒙语意为"美丽的少女"或"青色的山梁",后来演变为"青色或绿色的山脉",可可西里的名称寄托着当地人们的美好愿望,愿它永远像少女一样美丽、纯净,永远一片碧绿,一片生机。

就是这样的一个环境恶劣的地区,却生活着一群生命顽强的动物。目前已知的有哺乳动物11种,例如著名的藏羚羊、藏野驴、野牦牛、藏原羚和高原兔等,此外还有珍稀的狼系动物、鸟类动物等。可可西里是一个野生动物的乐园。

人类一直未停止向可可西里行进的脚步,在1992年之前,就有很多人自发来这里淘金,这对可可西里来说是一场灾难!他们捕杀藏羚羊等珍贵动物。一时间尸横遍野,生灵涂炭。可可西里这片仙境被一群匪徒践踏了。

可可西里的命运将会何去何从?

此后,更多的科学考察队踏入了这一片净土,他们在这里发现了石膏矿、菱镁矿、水晶矿和大量的盐类资源;他们观察到大量奇特的冻土、冰川地貌和火山熔岩,还有许多充满气孔的火山浮石;他们甚至找到了海燕蛤、海胆、珊瑚等大量古代海洋生物化石,这说明在很久以前可可西里是一片汪洋大海。

随着人们对可可西里了解的深入,旅游者、探险家、考

察队等越来越多的人进入可可西里，可可西里的神秘面纱逐渐被揭开。

1997年年底，可可西里国家级自然保护区成立，来保护还未被完全破坏的可可西里。人们期待可可西里回到往日的宁静与安详。

◀ 可可西里国家级自然保护区

珠穆朗玛，女神之峰

在藏语中，"珠穆"意为女神，"朗玛"则意为第三，所以"珠穆朗玛"就被当地的人们称为"第三女神之峰"。曾经有一个美丽的传说：喜玛拉雅山脉的五大高峰是由五位仙女演变来的，从此驻扎于人间大地，其中排行第三的仙女长得最高、最俊俏，她就是珠穆朗玛峰。

神秘的珠穆朗玛

喜马拉雅运动

大约 2.3 亿年前，地球上只有两块大陆，一块位于北半球，一块位于南半球，其间为广阔的海洋所环抱，后来，南半球大陆破裂成多块并向不同方向漂移，形成了今天的海洋。其中印度板块向北漂移，与亚洲大陆间的海域范围变小，约 4 千万年前的始新世中期，两

珠穆朗玛像圣母一样伫立在青藏高原上，以其特有的神秘光辉吸引着人们。

珠穆朗玛峰位于中国和尼泊尔两国边界上。它的北坡在我国西藏境内，南坡在尼泊尔境内。珠穆朗玛峰海拔8844.43米，是喜马拉雅山脉的主峰，也是世界上最高的山峰。珠穆朗玛终年被白雪覆盖，气温极低，峰下冰川纵横，分布着无数雪崩的印槽，且气候变化异常，难以预料。

尽管环境如此艰难，人们对珠峰的探秘却一

直不曾停止。

早在19世纪中叶，英国和印度的侦察人员就对喜马拉雅山脉加紧了研究工作。这主要是为军事侵略的需要。当时，一些专门进行登山探险的地形测量学家也参加了由英国军事侦察人员所领导的探险队。他们对喜马拉雅山脉和喀喇昆仑山脉的高峰进行了数十次攀登尝试，并成功地登上了几座高峰。

块大陆终于碰到一起。地球上这次地壳大变动就被称为"喜马拉雅运动"。到目前为止，喜马拉雅运动并未停止，而珠峰的成长也正是得益于它。

19世纪下半叶，有20多支西方探险队在喜马拉雅山地区进行活动。到20世纪上半叶，活动在这里的探险队数目猛增到80多个。

我国对珠峰的探秘活动到目前为止一共有13次之多。

50年前，王富洲、贡布和屈银华胜利登上珠峰。他们谱写了中国人

▼ 珠穆朗玛吸引着全世界的登山爱好者

珠峰在变矮？

　　根据中科院的科学考察，从1966年到1999年，珠峰顶部从8849.75米降低到8848.45米，总降低值为1.3米；如果按年降低值算，1966年至1975年间，珠峰顶部的降低速度比较快，接近每年0.1米，1975年至1992年间，降低过程减弱，每年只有0.01米；而1992年至1998年间，降低过程又快速增大，接近每年0.1米；1998年到1999年，降低值达到了0.13米，高度仅8844.43米。而其原因多数人认为是地壳运动和气候变暖共同导致。

第一次征服"地球之巅"珠穆朗玛峰的历史诗篇，成为我们第一次对珠峰的成功征服。

　　1975年3月，我国科学探险队再次登上地球之巅，并对珠峰地区进行了综合的科学考察，同时，创造了世界上第一位女探险家登上世界最高峰的记录。然而，由于珠峰气候的突变，直到5月他们才登顶成功。登顶成功后，他们将3米高的红色标志竖起来，精确地测得了当时8848.13米的高度值，还拍摄了峰顶的视频和照片，并按预先分工，打取了岩石样本和冰雪样品，测量了盖雪的厚度等。这一次的登顶对珠峰有了比较全面的了解。

　　在接下来的时间里，我国的探险队员又多次登上珠峰，勘察到了更多的"证据"，探知了更多珠峰的秘密。

　　2008年5月8日，中国36人成功登顶珠峰并且把奥运火炬在珠峰点燃，也是世界举办奥运会以来第一次在世界之巅燃起奥运圣火。

　　2009年5月18日，20名中国业余登山者成功登顶海拔8844.43米的珠穆朗玛峰。这次登顶下撤的过程中，有一位业余登山爱好者不幸身亡。

　　美丽的珠峰，如同仙子一般伫立在云间，吸引着人们去追根问底。在珠峰的探秘过程中，有人献出了时间、精力，更有人献出了宝贵的生命，为的却只是能够获得更多关于珠峰的宝贵资料，好让

人类更好地利用和保护她。

▲ 奥运火炬登上珠穆朗玛峰

沙漠探险，凶险之境

沙漠是神秘的，正是为了探究沙漠的种种神奇，探险家们前赴后继，征服世界上最大的荒凉大陆——撒哈拉沙漠。先驱者们的故事向我们证明：穿越沙漠的旅行，是一次惊险的尝试与真正的冒险。而沙漠，用他"残酷的温柔"迎接着一批又一批的挑战者。

撒哈拉沙漠

沙漠的分类

大多沙漠按照每年降雨量天数和降雨量总额、温度、湿度来分类，目前可以分为贸易风沙漠、中纬度沙漠、雨影沙漠、古代沙漠、盐碱沙漠等种类。而这些沙漠都有共同点，那就是泥土松软干燥、植被稀少、水源稀缺、矿藏资源很丰富。

和珠峰探险一样，沙漠探险也充满着危险。但不同的是，人们最初的沙漠探险并不是为了了解沙漠，而是为了能在沙漠中找到宝藏。

1850年，英国政府决定成立一支远征队前往非洲考察。这支队伍近乎完美，除了理查森和巴特外，还有向导和仆人。其中，巴特曾在柏林研修过考古学、历史、地理和法语，学过阿拉伯语，有丰富的北非探险经验。理查森则通晓沙漠知识。然而理查森和巴特相处并不愉快，在途中遭土著民的洗劫后，理查森和另外一名队员就相继患病死去，巴特最后多次死里逃生到达了目的地。

这一次探险历时5年，巴特克服语言、宗教、气候、疾病等种种困难，横穿了撒哈拉沙漠，这大概就是人类第一次成功的沙漠探险。

时间延伸到现在。

2006年4月30日的初秋，一支中国人自己组织的沙漠探险队，深入塔克拉玛干沙漠腹地，对"死亡之海"做探险。

同样是2006年，一支40多人的探险队在横穿蒙古库不齐沙漠时不幸遇难。

沙漠探险，前赴后继，只有那些经验丰富，装备精良的队伍才有可能获得成功。

沙漠地域大多是沙滩或沙丘，沙下岩石也经常出现。泥土很稀薄，植物也很少，甚至有些沙漠是盐滩，完全没有草木。沙漠很少有水，很少有生命，可沙漠里有时会有可贵的矿床，很多石油储藏。

▼ 塔克拉玛干沙漠

考古探奇——高科技与考古

世界十大沙漠

被雪覆盖的沙漠——塔克拉玛干大沙漠；蓝湖沙漠——巴西的拉克伊斯－马拉赫塞斯；最大的盐沙漠——玻利维亚的乌尤尼盐原；埃及的"白色沙漠"；鲜花盛开的沙漠——智利的阿他加马沙漠；有大象的沙漠——纳米比亚的纳米比沙漠；红色的沙漠——澳大利亚辛普森沙漠；沙漠中的黑色石头——埃及黑色沙漠；最干燥却也是最潮湿的"沙漠"——南极洲；世界上最大的沙漠——撒哈拉沙漠。

虽然沙漠气候干燥，但它却是考古学家的乐园，因为在那里可以找到很多人类的文物和更早的化石。

沙漠探险就像一块刚开垦不久的处女地，还有很多的谜底等着我们去揭晓，虽然充满着危险与挑战，但是总会有人从不惧怕。

▶ 澳大利亚辛普森沙漠

第四篇
考古新发现

玛雅：雾般来去的古文明

古玛雅文明为何会从热带雨林边消失？古老的玛雅预言是否真的可信？到目前为止，有关玛雅的一切都像一个个谜团困扰着我们，它就像一位神秘的老者拒绝我们对他的所有解析，把自己封存在阴暗的密室。但是，我们相信，终究有一天我们会发现更多关于玛雅文明的秘密。

古玛雅象形文字

古玛雅的象形文字

当印加人只会结绳记事的时候，玛雅人就已经发明了象形文字。5世纪中叶，玛雅

位于洪都拉斯西部的科潘小镇附近有一座古老的小城，多年来它一直对人们保持着安静且肃穆的姿态，它就是玛雅古城。

关于玛雅古城，有一个美丽的传说。

很久以前，在这座古城里住着美丽的公主和许

多的臣民，可恶的女巫对他们施了咒语，于是他们都开始沉睡，古城也变得死气沉沉。这一切随着善良王子的到来得以改变。一天王子听到丛林中孩童的哭声，便循声走去。最后他发现了美丽的公主，王子吻了公主，公主便睁开了双眼，古城在沉睡之后恢复了昔日的活力。

虽然这只是个传说，但是它却向我们透露了玛雅人对善良的渴望和对生活的憧憬。

在对玛雅文明的探究过程中，人们获得了比传说更为可信的信息。

文字普及到整个玛雅地区。当时的商业交易路线已经确立，玛雅文字就是循着这条路线传播到各地。他们用象形文字将各种各样的信息刻在石碑、石壁上，也雕刻在贝壳、玉器上。但是对玛雅象形文字的破译至今还是一大难题。

▼ 古玛雅金字塔

美洲三大文明

1. 玛雅文明是南美洲古代印第安人文明，约形成于公元前2500年，衰落于15世纪，主要分布在墨西哥南部、危地马拉、巴西、伯利兹以及洪都拉斯和萨尔瓦多西部地区。2. 阿兹特克文明（或译为阿兹台克）是中美洲古老印第安文明的一部分，主要分布在墨西哥中部和南部。形成于14世纪初，1521年为西班牙人所毁灭。3. 印加文明是在南美洲西部、中安第斯山区发展起来的又一著名的印第安古代文明，主要以今秘鲁和玻利维亚为中心，北抵哥伦比亚和厄瓜多尔，南达智利中部和阿根廷北部，首都在秘鲁南。

考古学家们对玛雅古城中的金字塔、石碑、石壁等建筑进行了长期的研究和考察，从断壁残垣中推测出古代玛雅城市的规模，人们的社会和宗教生活以及玛雅人在天文和数学方面所取得的辉煌成就。玛雅人在公元前一千多年前就精确地建造了月亮和太阳神殿。他们还是世界上最早发明数字"0"的民族。医学上，已掌握打开头盖骨的技术，制作木乃伊的技术以及药草、香料的治疗法等，这种使用药草、香料等的传统自然医学，至今墨西哥的人们还使用着。

到了2010年5月，玛雅考古有了阶段性的突破。考古学家在危地马拉境内发掘了一个奇怪的玛雅王室古墓，他们在古墓中发现了镶有宝石的牙齿、陶瓷碗等罕见古物。这个陶瓷碗表面主要是红色和黑色，用作烹饪的容器，在这类容器中，装满了被当作祭祀品的受害人的手指以及被已腐烂的有机材料（可能是树叶）包裹的牙齿。

在古墓中，还有一具成年人和六具儿童的遗骸，其中有些

还只是婴儿。考古学家认为，这个成年人可能是一名国王。这些儿童可能是作为国王死后的祭祀品而被埋葬。

玛雅考文明，或许并不像现代人想象的那样美好祥和。

▼ 古玛雅石壁

曹操墓发现始末

他是那个计谋多变，狡猾勇猛的沙场老将；他是那个对酒当歌，以歌咏志的痴醉诗人；他是那个老骥伏枥，志存千里的不败勇者——他就是曹操。他是一个充满争议的人物，历来人们就对他褒贬不一，然而不管生前几多事，都要留于后人说，也许曹操最后的安身之处才是我们真正了解他的开始。

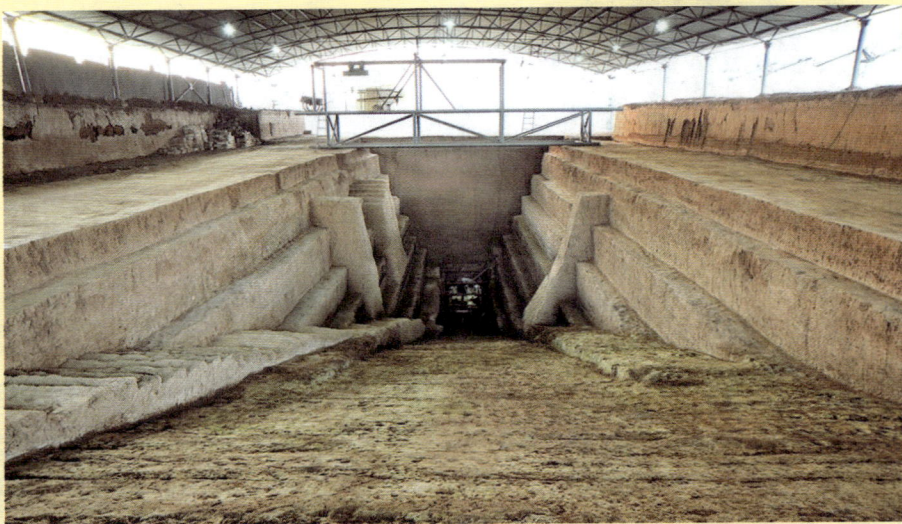

曹操高陵墓道

美国国家地理2009年最受欢迎10大考古发现：戈达德号沉船，最大盎格鲁撒克逊宝藏，莫切文化古墓，青铜时代女

波涛汹涌终于浪花散尽。

曹操的一生在建安二十五年正月时"浪花散尽"，六十六岁的曹操病死于洛阳。之后三分归晋，掌权的掌权，灭亡的灭亡，而一切都与曹操不再有关系，陪伴他的就只有阴冷的曹操墓了。

关于曹操墓有着很多的传说。

据《三国志》等史料记载，曹操死后，葬礼等一切从简，灵柩先被运到邺城，后葬在邺城西边西门豹祠以西丘陵中，没有封土建陵，没有随葬金玉器物，也没有建设高大坚固的祭殿。

有人说，曹操墓从一开始就不想让世人知道，因此他采取秘葬的方式，设立疑墓。

尸遗骨，"黑胡子"海盗遗物，麦田怪圈状史前建筑群，镶满宝石的史前牙齿，詹姆斯顿神秘石碑，第二次世界大战日本"超级潜艇"以及"吸血鬼"女尸头骨。

▲ 曹操高陵前室

考古探奇——高科技与考古

曹操与建安风骨

曹操是一位军事谋略家外，又是一位颇有建树的诗人，汉末建安时期，以曹操为主的一些诗人创作了一大批充满悲凉慷慨和阳刚之气的作品，引领了这一时期诗歌创作的方向，这种诗歌创作风格后来被称为"建安文学"。建安文学的文学风貌内容充实，感情充沛，由于摆脱了儒家文学的束缚，加上处于战乱时期，建安文学往往慷慨激昂，敢于抒情。

曹操墓就在一个又一个的疑问中逐渐变成了千年之谜，隐匿于历史之中。

直到1922年，在河南磁县发现的一个古墓引起了人们的注意，古墓里的石碑刻序自称是曹操。后来石刻被保留了下来，但是经过考察后没有找到其他的证据，这个古墓就逐渐被人们忽略了。

在沉寂了许多年后，更重大的发现于2005年闯入人们的视线。

2005年，考古学家们在河南发现一座已被盗过很多次的古墓，在古墓中有人头骨、肢骨等部分遗骨，专家初步认定这些遗骨的主人年龄在60岁左右，与曹操终年66岁吻合，可能是曹操的遗骨。

在接下来的四年里，考古学家们对这座古墓进行了进一步的发掘确认，出土了器物200多件，包括金、银、铜、铁、玉、石、古、漆、陶、云母等多种质地。器物中主要有铜带钩、铁甲、铁剑、玉珠、水晶珠、玛瑙珠、石龟、石壁、石枕、刻名石牌等等。

2009年12月，曹操墓——高陵得到确认。

高陵的发现推翻了之前所传"曹操秘葬"以及"一切从简"的说法，这座墓占地面积700多平方米，规模巨大，里面收藏有大量稀世珍珠、翡翠等宝藏，还有众多汉魏特征的壁画、文献。

曹操墓被发现后，社会各界质疑声此起彼伏，

此后，曹操墓发现列入了2009年六大考古发现之一，但相关讨论还在进行中。

▲ 曹操高陵出土的石枕

巨石阵，谜团或将解开

在英格兰威尔特郡索尔兹伯里平原上，矗立着许多块形状相似、方向各异的巨型石头，这些石头围成一个圈，在夏至夕阳的照射下，巧妙地形成一条直线，又仿佛是一幅刚柔并济的画。可是这些石头的来历和用处，对于大多数人来说还是一个充满神秘色彩的谜。

英国的巨石阵

复活节岛

在南太平洋，智利以西3000千米的海面上有一个岛屿，当地语言称怕努伊岛，也就是我们熟知的复活节岛。它是由三个火山岛组成的，近似一个三角形。它几乎与世隔绝，但是岛上数百座神秘的巨型石

面对如此巨大的石头，我们最大的疑问也许就是当时的人们到底是怎么建造它的。据英国的历史学家推测，早在4000至5000年前，巨石阵就开始兴建了，而当时并没有任何可以借助的机械，所有的石头从搬运到固定都要依靠人力，这无疑是一项大工程。

整个建造的过程大约延续了数百年，这令人无法想象。

它可以分为三个阶段：第一阶段可以追溯至

144

1800年前，这一阶段主要在地面挖出填放巨石的坑；第二阶段在坑内先放入"种石"，再从遥远的英格兰西部威尔士运来巨石；第三阶段再把巨石填入坑内。

可能有人要问，为什么要耗费如此大的人力物力来建造一个巨石阵呢？

的确，这也正是困扰着考古学家们的问题所在。目前关于巨石阵的由来有不同的说法：有人认为巨石阵相当于"新石器时代的卢尔德"，是当时朝圣

像让它闻名于世。最初登上该岛的人是荷兰人，而现在岛上的居民几乎都是波利尼西亚人。

▼ 复活节岛上的巨星石像

KAOGU TANQI — GAOKEJI YU KAOGU

卢尔德市

卢尔德是法国一座普通的小镇，但是他是一座不平凡的小镇，它位于波(Pau)激流的岸边，它在朝圣期间及复活节和万圣节期间达到最大规模。传说中的卢尔德是人们朝圣和疗养的圣地，长长的仪式队伍以及寻求奇迹的病人，使这个城市沉浸在一种精神灵魂的氛围中。

者们的疗养胜地，这些石头并不是一般的石头，而是带有神奇功用的"疗养石"；还有人认为巨石阵只是某一位权力拥有者的墓地，因为之前在巨石阵旁发现过不少残骸；更有人认为巨石阵在当时是类似于古罗马竞技场一样的场所。

猜测那么多种，至今也没有一种能让人们达成共识。而就在人们对巨石阵还不甚了解的时候，神秘的木头阵又出现了。

在2008年3、4月的时候，英国的考古队对巨石阵进行了44年来的首次考古挖掘工作。在巨石阵周围发现了一堆深坑，周围围绕着一圈小坑，考古学家们推测这些坑曾形成一个"木头阵"。这些木头阵大概与"巨石阵"同时期建造，每个木头大概3米左右，主要起辅助的作用。

在新发现的"木头阵"咫尺之遥，人们曾发现一个3千米长、类似跑道的土建工程。不仅如此，巨石阵旁的新发现颇多，之前还有一个神秘的由27块蓝色巨石围成的"蓝石阵"，虽然蓝色巨石已经不在，只留下一些碎片，但是这无疑也为另一种想象提供了根据。

目前对巨石阵和木头阵的勘察工作还在进行中，针对木头阵的考古工作还处于起步阶段，还有太多的谜等着我们去解开。

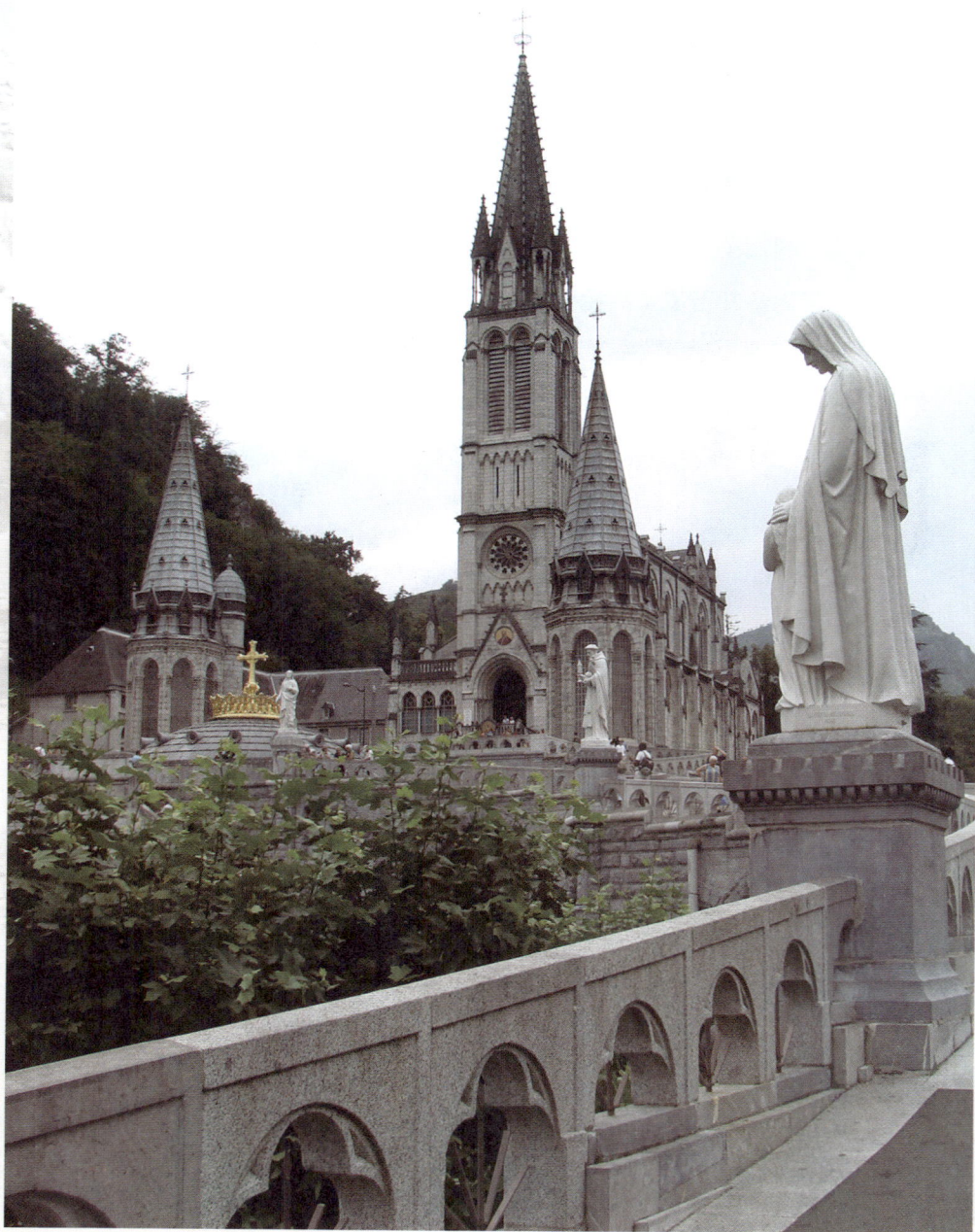

▼ 被誉为朝圣和疗养圣地的卢尔德

兵马俑的新发现

　　肃穆的兵马俑像忠诚的卫士默默地守护着自己的家园，悄无声息地度过了几千年，他们的身上隐匿着无数的故事和秘密，对人们保持着一份捉摸不透的神秘感。兵马俑是世界第八大奇迹，就像建造金字塔一样，许多人为它付出了生命却只繁荣了一人之墓；就像建造长城一样，许多人为它付出了青春却苦了无数孟姜女。

兵马俑一号坑

秦陵的四大秘密

　　秦陵有四个谜——地宫在不在骊山，墓室完好与否，地宫有无水银，墓道有几条。而随着考古的深入，这四个谜现在已经得到了答案——地宫就在秦陵所在位置的地

　　兵马俑是秦始皇陵的一部分，由8000个左右的车兵、步兵、骑兵等造型逼真、形态各异的兵俑组成，他们组成浩浩荡荡的秦国军队，保卫着秦始皇的家国。

　　兵马俑共分为一、二、三号坑，一号坑最大，坑深5米，面积14260平方米，坑内有6000余陶人陶马，井然有序地排列成环形方阵，二号坑位于一号坑的东北侧和三号坑的东侧，呈曲尺形方阵，东西长96

米，南北宽为84米，总面积约为6000平方米。坑内建筑与一号坑相同，但布阵更为复杂，兵种更为齐全，是3个坑中最为壮观的军阵，三号坑在一号坑西端25米处，面积约为520平方米，呈凹字形。门前有一乘战车，内有武士俑68个。从3号坑的布局看，可能是总指挥

下35米处，墓室在外围宫墙的保护下基本保存下来了，地宫内的确存在水银用以打造河流，墓道只有东西各一条。

▲ 彩绘兵马俑

考古探奇——高科技与考古

什么是"模塑结合"造俑术?

模塑结合是指一种先用陶模作出初胎,再覆盖一层细泥进行加工刻划加彩的方式。有的是先烧后接,有的是先接再烧,用这种方式制作的俑火候均匀、色泽单纯、硬度很高。秦始皇兵马俑的兵俑基本就是用这种方式制作的。

部,统帅左、右、中三军,只是没有建成而已。

2009年6月,专家对兵马俑进行了第三次考古发掘,此次发掘带给了人们更多的惊喜,坑内惊现2辆四轮驾驶的战车、8匹战马和150个左右的兵俑。另外,还发现了彩绘的兵俑,考古人员在一尊武士陶俑身上发现了棕褐色漆皮,还有柳叶刀、箭、剑、戟、青铜箭镞等众多兵器。

据报道,此次考古发掘在出土遗物的类型方面也有新的发现,尤其是在两乘战车清理中发现的3处皮质箱形器的材料十分罕见。这些箱形器虽都经火烧,但形制清晰,胎外贴织物然后经多层髹漆,口沿部分包镶着质地很硬的织物。此物的定名、用途、性质等一系列问题有待进一步研究。另外,此次发掘还发现了用丝绸制成的织物带,为研究秦汉时期的丝绸等织物史也提供了重要材料。

到目前为止,兵马俑共经历了三次考古挖掘。第一次是在1974年,陕西省临潼县村民打井时首次"发现"兵马俑,随后,陕西省考古研究所派出考古队进行了长达十年的发掘,发掘面积2000平方米,出土陶俑1087

件；第二次是在1985年，考古队对一号坑展开了第二次发掘，发掘面积同样为2000平方米；而第三次就是2009年，时隔24年之后，为了更好地保护兵马俑，人们展开了第三次考古工作。

▼ 战马

精彩纷呈的新石器时代

新石器时代是人类石器时代的最后一个阶段，这个时期的人们开始使用磨制石器和陶瓷，开始发展农业和畜业，可以说，新石器时代的到来为农业社会的形成和发展奠定了基础。然而，新石器时代又是一个历史界限模糊的时期，发展程度不一的各地进入新石器时代的标志和时间也都不一样，因此，这又是一个精彩纷呈的历史时期。

东山村新石器时代遗址

2009 年十大考古新发现

河南新密李家沟旧石器至新石器过渡阶段遗址、安徽固镇垓下大汶口文化城址、江苏张家港东山村遗址、内蒙古赤峰二道井子夏家店下层文化聚落遗址、山东高青陈庄西周城址、陕西富县秦直道遗址、陕西西汉帝陵考古调查

新石器时代的考古遗址比较有代表性的主要有两个：元谋遗址和永仁遗址。

元谋遗址相信大家都不会太陌生，它位于云南省元谋县元谋盆地莲花村的东南河岸高地上，面积约500平方米。而永仁遗址则位于云南省永仁县城西南，在距地表1.2米处有半地穴式的住房并且有用火的痕迹，比元谋遗址时间稍早。

这两个遗址的发现为新石器时代考古工作拉开了序幕。

2007年的时候，在浙江嵊州小黄山发现了新石器时代早期的遗址,面积约5万平方米。在小黄山遗址,考古学家们发现了大量方形和圆形的大土坑,人们推测是古人用于储藏食物的储物坑。同时,人们还发现了大量的陶瓷器物和砾石雕刻物,制作技艺都很有特色。

及发掘、河南安阳西高穴曹操高陵、河北曲阳涧磁村定窑遗址以及 江西高安华林造纸作坊遗址。

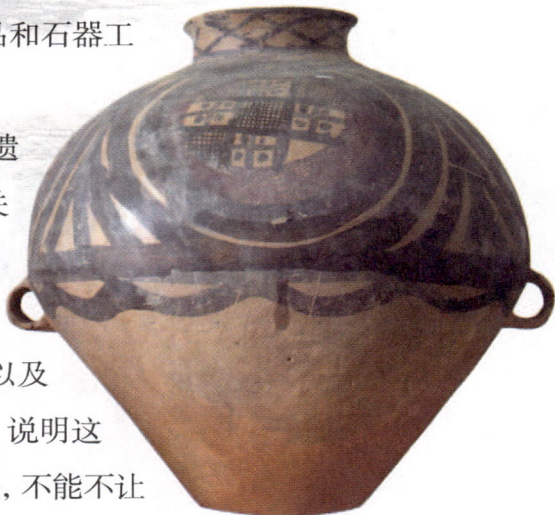

小黄山遗址距今约8000~10000年,比跨湖桥文化更为原始和古老,专家推断它与河姆渡遗址有着某种内在的联系。该遗址的发现为东南地区新石器时代遗址考古工作的进一步展开提供了线索和方向。

同时期的新发现还有江苏东山村新石器时代遗址,该遗址位于张家港市的香山脚下,整体分为东、中、西三大部分,东部为小型的墓葬区,中部为建筑区,西部为房址区,俨然一座微型城市。在该遗址出土了大量的陶瓷制品和石器工具,包括制作精良的玉器等。

考古学家们推测,东山村遗址和良渚文化存在着必然的关联,对中华文明起源的研究具有重要价值。东山村遗址崧泽文化早期高等级显贵墓群的发现以及与小型墓埋葬区域的严格分离,说明这一文明已发展到相当高级的程度,不能不让人重新思考远古社会的进程。

▲ 东山村新石器时代遗存

良渚文化

良渚文化遗址是新石器时代遗址的典型，其中心位于浙江良渚，故叫做良渚文化遗址。该遗址于1936年被发现，距今约5300年，该文化遗址最大特色是所出土的玉器。挖掘自墓葬中的玉器包含有璧、琮、钺、璜、冠形器、三叉形玉器、玉镯、玉管、玉珠、玉坠、柱形玉器、锥形玉器、玉带及环等。另外，陶器也相当细致。

新石器时代遗址的考古重大新发现还包括2009年发现的小里村仰韶遗址。小里村仰韶遗址坐落在柏乡县城西南10千米的小里村东泜河古道东西两岸第一台地上，遗存面积2万多平方米。目前已经勘察了大约600平方米的面积，发掘灰坑49个、窑1座、建筑遗迹3处、窖穴2处；出土遗物有陶器、骨器、石器、蚌器、钵盆、鼎盂、支架、壶罐及石磨盘、石磨棒、石铲、骨锥、骨针、骨刀等，陶质器物大多为细泥磨光红陶，还有一些夹砂红陶，灰、黑陶则很少。

新石器时代的遗址一定还有很多，他们在默默等待考古工作者的来临。而随着考古技术的发展和考古工作的深入，我们一定会有更多、更有价值的新发现。

▲ 良渚文化遗址出土的玉器